本书的编写和出版，得到了重庆市教育委员会人文社会科学研究项目（项目名称："一带一路"倡议下重庆吸引来华留学生的创新机制研究，项目编号：18SKGH067）的资助；得到了重庆市教育科学"十三五"规划课题（课题名称："一带一路"倡议下西部高等教育国际化发展路径研究，课题批准号：2018-GX-127）的资助；得到了重庆市教育委员会高等教育教学改革研究项目（项目名称：中外合作办学机构"课程思政"的"三位一体"育人机制和路径研究，项目编号：202020S）的资助；得到了重庆市高等教育学会、超星尔雅集团公司高等教育科学研究课题（项目名称：中外合作办学机构实施"课程思政"中存在的问题和对策研究，项目编号：CQGJ21A017）的资助；得到了重庆工商大学（项目名称：地方高校国际学生来华学习跨文化适应的研究与实践，项目批准号：2019108）的资助。

"Yidaiyilu" Changyi Xia Woguo Xibu
Diqu Gaodeng Jiaoyu Guojihua Yanjiu

"一带一路"倡议下我国西部地区高等教育国际化研究

李大鹏　刘晓远　著

西南财经大学出版社
Southwestern University of Finance & Economics Press

中国·成都

图书在版编目(CIP)数据

"一带一路"倡议下我国西部地区高等教育国际化研究/李大鹏,
刘晓远著.—成都:西南财经大学出版社,2022.3
ISBN 978-7-5504-5297-8

Ⅰ.①—…　Ⅱ.①李…②刘…　Ⅲ.①高等教育—国际化—研究—中国
Ⅳ.①G649.2

中国版本图书馆 CIP 数据核字(2022)第 044108 号

"一带一路"倡议下我国西部地区高等教育国际化研究

李大鹏　刘晓远　著

策划编辑:冯梅
责任编辑:乔雷
责任校对:张博
封面设计:张姗姗
责任印制:朱曼丽

出版发行	西南财经大学出版社(四川省成都市光华村街 55 号)
网　　址	http://cbs.swufe.edu.cn
电子邮件	bookcj@swufe.edu.cn
邮政编码	610074
电　　话	028-87353785
照　　排	四川胜翔数码印务设计有限公司
印　　刷	成都市火炬印务有限公司
成品尺寸	170mm×240mm
印　　张	12
字　　数	221 千字
版　　次	2022 年 3 月第 1 版
印　　次	2022 年 3 月第 1 次印刷
书　　号	ISBN 978-7-5504-5297-8
定　　价	78.00 元

前言

我国西部地区包括四川省、云南省、贵州省、西藏自治区、重庆市、陕西省、甘肃省、青海省、新疆维吾尔自治区、宁夏回族自治区、内蒙古自治区、广西壮族自治区12个省（区、市）。长期以来，我国西部地区的高等教育发展相对落后，西部地区高等教育国际化的发展也不尽如人意。"一带一路"倡议的提出，为西部地区高等教育国际化的进一步发展提供了千载难逢的机遇，同时也带来了诸多的挑战，尤其在后疫情时代，高等教育国际合作交流面临"逆全球化"的挑战，这也给西部地区高等教育国际化的发展蒙上了一层阴影。在百年未有之大变局背景下，本书对西部地区高等教育国际化如何发展进行了探讨。

本书共分为两个部分：上篇为宏观篇，主要对我国西部地区高等教育国际化的发展历程，面临的机遇、现状、挑战，发展路径和国际化综合效益评价指标体系等进行了研究；下篇为专题篇，主要对"一带一路"倡议下重庆如何吸引国际学生、西部地方高校国际学生来华学习的跨文化适应、中外合作办学机构"课程思政"的"三位一体"育人机制和路径、地方高校培养来华留学生的探索和实践（以重庆工商大学国际商学院为例）等进行了研究。

本书各章编写分工如下：刘晓远编写了第1章至第5章，李大鹏编写了第6章至第11章。全书由李大鹏统稿。

作者在编写过程中参考了不少的相关文献，我们已尽可能在资料来源和参考文献中予以列出，同时也对这些专家学者表示深深的感谢，但也有可能由于疏忽而没有指出资料来源，对此表示万分抱歉。

由于时间比较紧张，加上作者的水平有限，书中存在的不足之处，恳请广大读者批评指正。

编者

2022 年 3 月

目录

上篇 宏观篇

下篇 专题篇

上篇　宏观篇

1 绪论

1.1 研究的背景

后疫情时代，高等教育的国际合作与交流面临着"逆全球化"的严峻挑战，这引起了人们对以往高等教育国际化发展的深思。但是，从高等教育发展的历程和发展的规律来判断，高等教育的国际化仍然是高等教育进一步发展的不可或缺的一部分。

"21世纪海上丝绸之路"（The 21st Century Maritime Silk Road）和"丝绸之路经济带"（The Silk Road Economic Belt）简称"一带一路"（The Belt and Road Initiative）。国家提出"一带一路"的用意在于借鉴古代丝绸之路代表的中国传统文化符号，积极开展与"一带一路"沿线国家的经贸合作，同时，与"一带一路"沿线国家一道打造政治互信、经济融合、文化包容的三个共同体，即利益共同体、命运共同体和责任共同体。自2013年我国提出共建"21世纪海上丝绸之路"和"丝绸之路经济带"的伟大构想以来，国际社会对"一带一路"倡议给予了高度关注，一些国家积极响应。2015年3月，国家发改委、外交部和商务部联合发布了《推动共建丝绸之路经济带和21世纪海上丝绸之路的愿景与行动》，当时我国在"一带一路"沿线国家承包的工程项目就已经突破了3 000个。2015年，我国企业对"一带一路"沿线国家进行了直接投资，涉及49个国家，投资额同比增长18.2%。欧洲国家虽然不属于"一带一路"的最主要合作伙伴，但中欧的双边贸易也在不断扩大。2017年4月，中国、德国、俄罗斯、白俄罗斯、哈萨克斯坦、波兰和蒙古七国铁路部门正式签署了《关于深化中欧班列合作协议》，这是中国铁路部门首次与"一带一路"沿线主要国家铁路部门签署的关于中欧班列方面的合作协议。2017年5月，我国举办了"一带一路"国际合作高峰论坛，该论坛属于"一带一路"框架下最高规格的国际活动,也是由我国首倡、我国主办的规模最大、层级最高的多边外交活动。根据相关资料,多达29个国家的国家元首、政府首脑参加了此次论坛,有来自130多个国家和70多个国际组织的1 500多名代表参加了论坛,签署了76个大项目和270个子项目协议。我国与新加坡、阿尔巴尼亚、蒙古、尼泊尔、缅甸、克罗地亚、黑山、巴基斯坦、东帝汶、波黑和马来西亚等国家签署了政府间"一带一路"合作谅解备忘录,从国家外交层面推动了彼此的经贸合作。

"一带一路"倡议的实施,标志着我国开放经济的模式已经实现了战略转变。对于这一战略转变的重大意义,2015年4月出版的《经济日报》给予了充分说明:通过"一带一路"可以平衡国内经济发展的不平衡现象,通过"一带一路"可以实现国内区域经济结构的调整。改革开放以来,我国中西部地区经济发展严重滞后于东部沿海地区。"一带一路"将我国西部地区和西亚、欧洲连通起来,使得我国对外开放的地理格局发生了重大调整,这一调整也改变了我国经济发展对美国、日本、欧盟等发达国家的依赖。在改革开放初期,我国经济发展水平较低,急需技术、资本和先进的管理经验。所以,当时的对外开放主要是以引进国外的管理模式和先进技术为主。这种理念体现在教育领域,向西方发达国家学习成功的管理经验和先进的科学技术一直是我国扩大教育开放的基本思路。

2016年4月,为了进一步推动教育扩大开放和人文交流,中共中央办公厅、国务院办公厅印发了《关于做好新时期教育对外开放工作的若干意见》(以下简称《意见》)。《意见》提出,到2020年,我国出国留学服务体系基本健全,来华留学质量显著提高,涉外办学效益明显提升,双边多边教育合作的广度和深度有效拓展,参与教育领域国际规则制定能力大幅提升,教育对外开放规范化、法治化水平显著提高,更好满足人民群众多样化、高质量教育需求,更好服务经济社会发展全局。"一带一路"倡议是我国全方位对外开放的必然结果,也是我国从全球化参与到全球化塑造之转变。随着"一带一路"倡议的实施,我国高等教育的国际交流与合作将持续发展。所以,在新背景下,我国高等教育的国际化应该作出相应的调整。

我国西部地区包括四川省、云南省、贵州省、西藏自治区、重庆市、陕西省、甘肃省、青海省、新疆维吾尔自治区、宁夏回族自治区、内蒙古自治区、广西壮族自治区12个省(区、市)。相对于我国东中部地区,我国西部地区的高等教育发展相对落后,并且我国西部地区的人才流失也比较严重,这些对西部地区高等教育国际化发展产生了一些不利的影响。而"一带一路"倡议的提出，为我国西部地区高等教育的发展提供了千载难逢的机遇，也为西部地区高等教育的国际化提供了发展的契机。

1.2 "一带一路"倡议对西部地区高等教育国际化发展的意义

"一带一路"倡议的提出，相当于向全世界传递了我国"构建人类命运共同体"的发展理念，不仅能够助推我国进一步迈向高等教育强国，而且能够助推西部地区高等教育质量的继续提升，从而为西部地区高等教育国际化的发展带来很好的契机。

1.2.1 "一带一路"倡议为我国西部地区高等教育国际化发展带来了新的理念

在教育理念和教学管理上，"一带一路"倡议为我国西部地区高等教育国际化发展带来了新的元素，将西部地区高等教育国际化发展与"一带一路"沿线国家的高等教育国际化发展进行结合，能够培养出一批具有高等教育国际化理念，熟悉"一带一路"沿线国家经济、社会、历史、文化的复合型国际化人才，有利于我国西部地区高等教育与国际接轨。在"一带一路"倡议下，我国西部地区高等教育国际化表现为两个基本特征：第一个特征表现为参与高等教育国际化的高校数量在逐渐增加。越来越多的西部地区高校提出了国际化发展的理念和相应的路径，围绕高等教育国际化进行了诸如人才培养的改革、人才引进的改革、科学研究的改革、服务保障的改革等。第二个特征表现为参与高等教育国际化的领域在逐渐变宽。在"团结互信、平等互利、包容互鉴、合作共赢"的丝路精神和"共建共享"的发展理念指导下，西部地区许多高校将高等教育国际化理念贯穿学校的方方面面，比如，涉及学院设置、学科建设、专业调整、师资队伍和管理队伍的打造、机构的设置、国际交流合作、校园文化的建设等多个领域。当然，西部地区高等教育国际化发展应在坚持民族特色的基础上，实现二者的统一。2020 年暴发的新冠肺炎疫情对我国西部地区高等教育国际化带来了许多挑战，但从某种意义上来说也带来了许多机遇，这就要求在推进我国西部地区高等教育国际化的进程中更加注意"以我为主"。

1.2.2 "一带一路"倡议为我国西部地区高等教育国际化发展提供了新的平台

"一带一路"是最具潜力的经济带之一，其横跨东亚、中亚、南亚、欧洲南部和非洲东部等广大地区。目前，"一带一路"沿线国家正处于产业转型升级时期，需要通过合作协同来解决其发展中遇到的困难，需要学习借鉴别国先进的技术，需要借用别国的优势产业实现互补。"一带一路"倡议为我国西部地区高等教育国际化发展提供了新平台。高等教育在"一带一路"建设中发挥着先导性、基础性和示范性作用，可为"一带一路"沿线国家文化交流、人才培养、民心相通搭建平台。"一带一路"倡议为我国西部地区进行合作办学、培养国际化人才、增加学生就业与实习等提供了新的发展契机。"一带一路"倡议为沿线国家的高校提供了新平台，使其可以在诸如区域合作、技术创新、科学研究、环境保护等领域进行广泛的合作。同时，"一带一路"沿线国家的企业也在积极与我国西部地区高校开展产学研合作，建立"一带一路"沿线国家校企联合创新中心或者联合实验室，实行订单式国际化人才培养模式。2016年，教育部发布了《推进共建"一带一路"教育行动》，其中就提出要"对接沿线各国意愿，互鉴先进教育经验，共享优质教育资源，全面推动各国教育提速发展"。"一带一路"教育行动的发布和实施，突出与沿线国家共享共建，为我国西部地区高等教育国际化发展提供了新的平台。

1.2.3 "一带一路"倡议为我国西部地区高等教育国际化的发展注入了新的活力

"一带一路"倡议下，加大我国西部地区高等教育的变革迫在眉睫。"一带一路"倡议会对我国西部地区高等教育国际化发展中相关的政策（如中外合作办学政策、境外合作办学政策、来华留学生政策等）产生一定的影响，客观上促使相关的政策更加开放、灵活，从而促进西部地区高等教育国际化实践活动的开展。"一带一路"倡议有利于建立我国与沿线国家参与的"高等教育发展共同体"，有利于沿线国家整合教育资源，开展与我国西部地区多层次、多形式、宽领域的高等教育交流与合作，有利于双方"推进学历学位互认标准的出台，优化沿线国家和地区教育资源的配置，提高合作效益，提升区域高等教育的影响力"，有利于我国西部地区的高校加快与沿线国家在全球治理、资源共享、新冠肺炎疫情应对等多领域的合作研究，广泛进行学术交流对话，加深与"一带一路"沿线国家高校的融合和交流。"一带一路"倡议提出以来，我国政府积极参与和推动与"一带一路"沿线国家在经济、教育、科技、文化等领域的交流与合作，向全世界传递了我国的声音，展现了四个自信，发扬了大国担当精神。与此同时，我国也在积极思考自身存在的一些问题，面向世界、主动学习借鉴别国的先进教育理念、先进办学治校经验，努力推进我国高等教育的转型。

1.3 研究的主要内容

本书的研究分为上篇和下篇两个部分，上篇为宏观篇，分为 7 章。第 1 章为绪论，主要提出本书研究的背景、意义、内容和方法等。第 2 章为我国高等教育国际化文献综述，主要列举了学者们对高等教育国际化进行研究的主要领域，并提出了我国高等教育国际化研究的不足之处。第 3 章为我国西部高等教育国际化的发展历程，主要分为 4 个阶段：一是西部地区高等教育国际化的起步阶段（1978—1990 年），二是西部地区高等教育国际化的初步发展阶段（1991—2010 年），三是西部地区高等教育国际化的较快发展阶段（2011—2019 年），四是西部地区高等教育国际化的后疫情发展阶段（2020 年至今）。第 4 章为我国西部地区高等教育国际化的现状和问题，主要分析了我国西部地区高等教育国际化面临的机遇、现状和主要问题。第 5 章为主要发达国家高等教育国际化的策略和启示，主要分析了美国、英国、日本等的高等教育国际化策略以及对我国的启示。第 6 章为"一带一路"倡议下我国西部地区西部高等教育的发展路径，提出了 8 个方面的发展路径。第 7 章为"一带一路"倡议下我国西部地区高等教育国际化综合效益的评价指标体系，主要分析了高等教育国际化的内涵，对高等教育国际化综合效益的评价指标体系进行了文献回顾，提出了"一带一路"倡议下我国西部地区高等教育国际化综合效益的评价标准、原则、方法和评价指标体系。

下篇为专题篇，分为 4 章。第 8 章为"一带一路"倡议下重庆吸引国际学生的现状、主要障碍和创新机制分析。第 9 章为西部地区高校国际学生来华学习跨文化适应的研究与实践，对我国西部地区高校国际学生跨文化适应情况进行了调查与分析，并提出了提高我国西部地区高校国际学生跨文化适应水平的建议。第 10 章为中外合作办学机构"课程思政"的"三位一体"育人机制和路径研究，分析了中外合作办学机构实施"课程思政"的必要性与意义，指出了中外合作办学机构实施"课程思政"存在的主要问题，提出了中外合作

办学机构实施"课程思政"的"三位一体"育人机制和相应的路径。第 11 章
为地方高校培养来华留学生的探索和实践。以重庆工商大学国际商学院为例，
第 11 章提出了重庆工商大学国际商学院培养来华留学生的理念，分析了重庆
工商大学国际商学院培养来华留学生有效路径的具体实践，列举了重庆工商大
学国际商学院培养来华留学生的一些成效，最后分析了重庆工商大学国际商学
院培养来华留学生中存在的问题和相应的对策建议。

1.4　研究的方法

1.4.1　历史的方法

马克思主义方法论中的基本要求就是问题应该在当时的历史环境中进行考
察，并从历史中得到启示，如果离开了历史，就不能对问题进行正确理解，更
不能进一步理解其现实意义。因此，必须要在新时代背景下研究我国西部地区
高等教育的国际化发展。

1.4.2　系统的方法

这一方法本质上是参照研究对象的具体属性，采用系统的形式进行研究。
任何事物都可以被看作是一个有机的系统。同样，我国西部地区高等教育国际
化发展也可以被看作是一个系统。历史条件、现实基础、未来可能这些要素之
间相互联系、相互制约，要特别注意各要素之间的有机联系。

1.4.3　调研的方法

向全国有国际化发展经验的高校和科研院所调研，增强研究问题的具体
性；向西部地区相关高校的主管部门调研，增强研究问题的整体性；向京、
津、沪及相关地区调研，了解这些地区高校国际化发展的情况，增强研究问题
的可比性。

1.4.4　文献分析的方法

通过查阅资料，了解我国西部地区高等教育国际化发展的现状和我国西部地
区高等教育国际化发展存在的问题，为我国西部地区高等教育国际化综合效益的
评价指标体系设计及我国西部地区高等教育国际化发展路径的提出做好铺垫。

2　我国高等教育国际化
文献综述

20世纪90年代以来，高等教育国际化已逐渐成为全球高等教育发展的趋势。与欧美发达国家相比，我国高等教育国际化起步较晚，但发展迅速，目前国内学术界从多角度、多学科开展了相关的研究，研究项目的数量日益增多，研究的主题日益丰富，取得了一些可喜的成果。

随着学者对我国高等教育国际化这一命题研究的深入，相关高等教育国际化问题研究的脉络日益清晰。目前，国内学者对我国高等教育国际化的研究具体可归纳为以下七大类：第一类，我国高等教育国际化的发展历程研究；第二类，我国高等教育国际化与本土化的关系研究；第三类，外语教学与我国高等教育国际化研究；第四类，我国高等教育国际化发展中的区域合作研究；第五类，境外高等教育国际化发展研究；第六类，我国高等教育国际化的评价体系研究；第七类，我国高等教育国际化发展的对策和路径研究。

2.1　我国高等教育国际化研究的主要方面

2.1.1　我国高等教育国际化发展历程研究

从发展历程研究角度来看，国内学者主要研究我国高等教育国际化的发展历程以及不同阶段的特征。有学者对我国高等教育国际化的发展历程进行了比较详细的划分，认为新中国成立至今，我国高等教育国际化经历了学习跟跑、曲折前进、挫折困顿、开放驱动、政策引导、院校主导和国家行动7个发展阶段。殷朝晖提出，我国高等教育的国际化分为借鉴西式教育体制、本土化、依照苏联高等教育模式进行改造、与国际接轨4个发展历程。立足全球化视角，有学者研究了高等教育国际化的阶段特征及挑战，提出我国高等教育国际化应放眼全球，立足自身教育实际为国际化发展创造良好环境，因势利导推动我国高等教育国际化。不同的学者尽管分析的角度有所不同，但可以看出，我国高等教育正在努力探索具有中国特色的国际化道路，以开放、包容、共享、互惠的姿态积极主动地融入全球高等教育国际化的浪潮。

2.1.2 我国高等教育国际化与本土化的关系研究

高等教育国际化已成为全球高等教育发展的必然趋势，在我国高等教育国际化的进程中，其不可避免地冲击着我国高等教育本土化，学者们研究的焦点之一也是怎样妥善处理好国际化与本土化之间的关系。许多学者指出，我国应秉承开放的理念，积极主动地融入国际化的潮流，共享全球优质的教育资源，坚持"走出去"与"引进来"的有机结合。需要强调的是，高等教育国际化意味着开放、合作、共享，但不是指完全西化、趋同化，我国需要在顺应国际化趋势的背景下，坚持"本土化"和"民族化"，并推动我国高等教育的国际化、本土化在"相容中相长，相互促进、和谐发展"。

2.1.3 外语教学与我国高等教育国际化关系研究

这一命题主要研究高等教育国际化的背景下影响外语教学的因素以及如何调整高等学校的外语教学水平，从而更好地适应并推动我国高等教育国际化的发展。学者们从多个角度提出了改革我国高校外语教学的建议，如国际化课程建设、外语教材的建设、双语教学的引入、全外文教学的设计、小班教学、建立完善的外语教学评价体系、外籍教师的引进、外语教学设施的改善等。

2.1.4 我国高等教育国际化发展中的区域合作研究

在高等教育国际化的潮流下，各国越来越重视高等教育的区域合作，许多国家将区域合作当成推进高等教育国际化向纵深发展的重要路径之一，所以需要建立起有效的高等教育区域合作的保障机制。在坚持平等交流的原则下，国内学术界普遍认为需要建立高等教育发展的区域合作机制，实现互利互惠。这些年来，随着"一带一路"倡议的提出，学者们更多地研究我国与"一带一路"沿线国家的高等教育跨区域合作的问题，分析了我国高等教育跨区域合作的现状、存在的主要问题及相应的对策等。有学者利用区域经济一体化理论研究了我国西北五省区与中亚五国高等教育跨区域合作发展的基础及发展的重点问题。有学者研究了"一带一路"倡议背景下，我国高校与非洲高校高等教育的合作问题，提出了深化中非大学伙伴关系、充分发挥孔子学院的作用等对策。也有学者分析了我国大学参与区域化合作的目标取向与策略选择问题，指出我国大学在区域化合作中应改变目标过于分散的状况，并提出了建立中非大学之间的长期稳定的战略合作机制以及政府对拓展区域化国际合作的保障机制。

2.1.5 境外高等教育国际化发展研究

从一定程度上来讲，境外高等教育国际化的经验与做法，对于推动我国高等教育国际化的进一步发展具有很好的借鉴意义。有学者分析了美国与欧盟高等教育国际化的新模式，提出我国可以借鉴其以"项目"等为载体，依托合作的形式，实现教学、科研等多项事务整合的教育国际化实现路径。有学者研究了教育民间组织在高等教育国际化中的作用及启示，提出可以借鉴加拿大高等教育的发展经验，激发民间组织的活力，使其积极参与高等教育国际化的发展。有学者研究了德国在学位制度、人才引进、教学模式、留学生政策等方面的高等教育国际化改革举措，并提出了对我国高等教育国际化发展具有借鉴意义的建议。有学者分析了美国马里兰大学国际化的发展路径，从统一认识、国际化人才、拓展合作、工作机制完善等方面提出了可供我国高等教育国际化发展借鉴的经验。

2.1.6 我国高等教育国际化的评价体系研究

高等教育国际化研究中必须面临的一个重要命题是如何衡量高等教育国际化的水平和效果，许多学者在思考如何构建一个全面、客观、科学的高等教育国际化的评价体系。目前，学者们普遍提到了评价体系中应包括教育理念与战略、师资队伍与学生交流、课程设置与教学效果、人才培养效果、科研项目合作、对外交流与合作等方面，这些指标已成为评价高等教育国际化水平的必备要素。近年来，评价体系之中又包括了高等教育国际化能力，有学者构建了高等教育国际化能力综合评价指标体系，将其划分为 3 个一级指标、9 个二级指标和 24 个三级指标。

2.1.7 我国高等教育国际化发展的对策和路径研究

高等教育国际化研究的重点领域包括对策建议、实现路径等。学术界关于我国高等教育国际化的对策和路径研究主要包括以下方面：教学模式的国际化、教学方法的国际化、课程体系建设的国际化、人才培养的国际化、科研合作的国际化、管理的国际化等。有学者从宏观角度提出可以从建构国际化特色理论体系、提升国际化一体化发展水平、优化高校管理体制、转变国际化发展模式等方面入手推进我国高等教育国际化。有学者研究了"双一流"战略背景下我国高等教育国际化的发展问题,提出在实践中加大校际合作,不断创新合作模式;加强在学科专业、国际化课程等方面的建设,注重国际化课程的真正"生根"等建议。有学者从人才培养角度分析了我国高等教育国际化的发展问题,研究了创新人才培养体系的具体方略,如改革课程设置、加强师资队伍建设、重塑高等教育质量观等。有学者从全球化视域提出了我国高等教育国际化发展的战略选择,提出应规划高等教育国际化的全球战略,加强区域间合作,推进大学全球参与的发展策略。有学者从文化视角提出了我国高等教育国际化的实现路径,认为我国高等教育国际化的核心目标是培养"能够输出中华文化的中国人",应增强其提高文化素养的自觉性。有学者分析了高等教育国际化背景下一般地方高校教育国际化的实践方向,提出可以将区域特色、办学方式、课程内容、学术交流四个方面的国际化分别作为其发展的突破口、实施方略和拓展办学的核心以及重要方式。有学者针对我国高校教学管理中存在的主要问题,提出了高等教育国际化背景下我国高校可以通过采取优化管理的理念、环境、模式、系统等措施推动高校教学管理的调整与创新。

2.2 我国高等教育国际化问题研究需加强之处

综上所述,在高等教育国际化研究这一领域,学者们从多学科、多角度进行了广泛而深入的研究,也取得了较为丰富的研究成果,具有重要的理论意义和实践意义,为推进我国高等教育国际化的进一步研究奠定了良好的基础。但是,我们也应该看到,我国高等教育国际化的研究还存在着一些不足的地方,需要在后续的研究中加强。

2.2.1 需加强理论研究的深度

围绕高等教育国际化的相关理论问题,部分学者进行了研究,但研究深度不够。比如,关于高等教育国际化的含义研究,学术界至今还没有形成统一的观点,仅仅是基于不同的角度进行了相应的界定。20 世纪 30 年代国外学者就已经提出了高等教育国际化的概念,国内学术界在参考国外学术界观点的基础上,融入中国元素来对高等教育国际化的内涵予以界定,概括来说,目前主要有三种界定的观点：过程论、内容论和混合论。

过程论认为高等教育国际化是一种趋势，是一个动态的发展过程，大多数学者倾向于过程论。比如，有学者从本土化的视角出发，认为高等教育国际化是将国际化维度融入高等院校教学、科研与管理中的一个系统过程；有学者认为高等教育国际化是将跨国界/跨文化维度整合到高等教育的教学、科研以及社会服务中的一个过程；有学者认为高等教育国际化是指高等教育在国际开放、交流的过程及其结果，也有学者基于文化流的视角，提出高等教育国际化是一种文化造势与蓄能的过程。

内容论关注的焦点主要是高等教育国际化的构成要素问题。有学者认为高等教育国际化具有客观性、历史性、社会性、多样性等多重属性，包括理念、师资、教学、科研等要素；有学者提出高等教育国际化的内容涉及面广，其基本构成要素包括教育观念、培养目标、课程、人员、学术交流、教育资源等；有学者从内容角度认为高等教育国际化具有多重内涵，高等教育国际化由多种活动构成，是高等教育走向世界的过程，是能力的国际化，是大学的精神气质；有学者从加强国际交流合作的角度，提出要在教育内容、教育方法上适应国际交往和发展的需要，培养具有国际意识、国际交往能力和国际竞争能力的人才。

混合论将高等教育国际化定义为过程论和内容论的综合体。有学者提出，高等教育国际化包含多层含义，既可以将其理解为一种制度或形式，又可以理解为一种过程、一种内容、一种结果或一种趋势。也有学者提出，从活动、能力、精神气质、过程等多角度定义高等教育国际化的方法均有其可取之处，并不相互排斥，而是互有交叉与补充。

自高等教育国际化这一概念产生并被广泛使用以来，高等教育国际化已不再仅仅停留在高等教育理念的研究，而是被越来越多的国家认可并付诸高等教育的实践。随着高等教育全球化趋势的进一步加强，其内涵正变得日益丰富，并且还在丰富与完善之中。

2.2.2 需加强实证研究

实证研究法是一种被广泛使用的研究方法，重点解决"是什么"的问题，使用该方法时，通过案例、观察、问卷、访谈等多种方式进行分析，可以透过现象看到本质，研究的结论具有真实性和客观性。国内学术界对高等教育国际化的相关研究，更多使用的是定性分析的方法，定量分析的方法使用得较少。所以，我国对高等教育国际化发展的实证研究明显偏少，涉及各地各高校实际情况的研究较少，综合运用定性与定量分析相结合的方法进行的研究也较少，这些需要在日后的研究中予以加强。

2.2.3 需加强后疫情时代高等教育国际化的研究

新冠肺炎疫情的暴发，给全球高等教育的国际化带来了较大的变数，中国独树一帜，控制新冠肺炎疫情取得了举世瞩目的成就，进入了后疫情时代。目前，学者们对新时代背景下的高等教育国际化的研究还远远不够，处于起步阶段。

2.3 本章小结

作为高等教育发展的必然趋势，国内外学者对高等教育国际化给予了广泛的关注，并取得了较为丰硕的研究成果。然而，这一领域还有可以进一步探讨的空间。现有的研究成果较多地关注我国高校融入高等教育国际化的相对独立状态，比如从教学的主体（老师与学生）、教学的客体（教学内容）、教学的方法、教学的手段等方面进行的探讨。但是，高等教育国际化的进一步发展需要内外因素的共同推动，政府乃至社会各界都应肩负起相应的责任，应充分发挥作用。同时，高等教育国际化进程中也会存在文化价值观冲击、教育安全等风险，需要对这些风险予以警惕、防范、化解和控制，这应引起学术界的高度重视。

3 我国西部地区高等教育国际化的发展历程

全球化时代，高等教育国际化是高等教育不可回避的重要组成部分，也是提高高等教育质量的重要路径。新中国成立以来，国际化也是我国西部地区高等教育历次改革不可或缺的组成部分。在不同的历史阶段，我国西部地区高等教育国际化通常以不同的发展主题和实践形式来适应国家的整体战略调整与高等教育整体的改革和发展。当前，国际化也成为我国西部地区高等教育的典型特征之一，甚至已经融入一些高等院校的办学理念之中。面向未来，我国西部地区高等教育国际化面临着更为复杂多变的内外部环境。从内部环境来看，我国西部地区高等教育在质量、规模、结构等方面已经发生了变化；从外部环境来看，"一带一路"倡议等国家重大战略部署及国际范围内的诸多不确定性因素（如2020年新冠肺炎疫情的突然暴发）也促使西部地区高等教育发展的外部环境发生了新的变化。所以，本书希望通过厘清我国西部地区高等教育国际化的发展历程，为我国西部地区未来的高等教育国际化发展提出一些建议。

3.1 我国西部地区高等教育国际化的起步阶段（1978—1990年）

改革开放初期，我国社会主义现代化建设百废待兴，各行各业急需具备良好文化水平的人才。但是由于我国高等教育整体水平还不高，还需要借助外力，即以国际化办学模式加快推进高等教育发展步伐。在此背景下，这一阶段我国西部地区高等教育国际化开展的方式相对单一，主要以公派出国留学为主，但此举对改革开放和高等教育长远发展起到了重要作用。1985年颁布的

《中共中央关于教育体制改革的决定》提出，"要总结我们自己历史的和现实的经验，同时也要注意借鉴国外发展教育事业的正反两方面的经验。……要通过各种可能的途径，加强对外交流，使我们的教育事业建立在当代世界文明成果的基础之上。"学习国外的经验，推动我国高等教育与发达国家高等教育接轨，成为这一时期我国高等教育包括西部地区高等教育对外开放的重要内容。这一时期的西部地区高等教育国际化是国家高等教育对外开放政策的衍生品，政府是主导者，高等院校的主要任务是执行政府的决策。总体来看，这一阶段我国西部地区高等教育国际化是国家层面对外开放战略的组成部分，主要由政府主导，具有明显的"官方"性质。

3.1.1 公派出国留学为主，并开始尝试开展来华留学教育

3.1.1.1 国家公派出国留学

改革开放初期，高等教育国际化工作主要以国家公派部分优秀的学生到高等教育发达国家或地区留学为主，这些出国留学生日后学成归国并成为各行各业建设的主力军，西部地区高等教育国际化也在其中。1978年6月，邓小平对公派出国留学作出了指示，要求扩大派出规模。当年8月，教育部印发《关于增选出国留学生的通知》，要求重点增选学习理科、工科有关专业的人员。政策出台后，国家留学人员派出开始向专业技术方向倾斜。此后，国家公派留学生的规格与层次开始提升，向"攻读学位"方向发展，确定当年公派出国留学人数为3 000人。1986年12月，国务院批转国家教育委员会（现改名为"教育部"）起草的《关于出国留学人员工作的若干暂行规定》，明确提出"按需派遣，保证质量，学用一致"的方针。公派出国留学的一个重要成果就是培养了一批具有国际化经历的科教管理人才，这些具有留学经历的人才进入西部高校的管理岗位后，对加快推进我国西部地区高等教育的现代化进程发挥了作用。

3.1.1.2 接收部分自费留学生

改革开放同样也促进了来华留学，大批来自世界各地的学子到中国留学，也有少部分来华留学生到西部地区高等学校学习。为此，我国同样需要将来华留学纳入规范化和法制化的管理轨道。1979年1月在北京召开的外国留学生工作会议提出"接受外国留学生，不仅为友好国家培养人才，而且也增进我国人民同各国人民之间的了解和友谊"。1984年，国务院副总理李鹏在全国外国留学生工作会议上的讲话中提到，"外国留学生工作是外交工作的一个组成部分，要为总的外交政策服务"。1987年，国家教育委员会召开外国留学生管理工作座谈会，会上强调"接受外国留学生是我国对外开放政策的组成部分。

向第三世界国家提供奖学金，为他们培养人才是我们应尽的国际主义义务"。教育主管部门先后修订《外国留学生工作试行条例》，发布《关于外国留学生入中国高等院校学习的规定》《外国留学生管理办法》《关于普通高等学校授予来华留学生我国学位试行办法》等政策文件。这一阶段的来华留学教育被赋予了更多的功能和内涵，政策目标由单纯的政治需要转变为改革开放、经济建设、教育改革、国家外交服务，与此同时，国家对来华留学的管理也更加规范、有序。

3.1.2　自费出国留学

1984 年颁布的《国务院关于自费出国留学的暂行规定》提出，"高等院校在校的专科生、本科生和在学的研究生，可以在学校或单位申请自费出国留学，出国后，保留学籍 1 年"。1985 年，我国取消了"自费出国留学资格审查"，出国留学的大门完全打开。1986 年国家教育委员会颁布了《关于出国留学人员工作的若干暂行规定》，进一步提出了"自费出国留学，是为国家建设培养人才的一条渠道，应予以支持"的留学工作方针。在这一大背景下，西部地区部分高等院校在校的学生开始了申请自费出国留学。

3.2　我国西部地区高等教育国际化的初步发展阶段（1991—2010 年）

20 世纪 90 年代，我国出台了一系列影响中国教育发展方向的重大政策。比如，1993 年国务院发布的《中国教育改革和发展纲要》提出，要集中力量"办好 100 所左右重点大学和一批重点学科、专业，力争在下世纪初……达到世界较高水平"，以及"进一步扩大教育对外开放，加强国家教育交流与合作"。1998 年发布的《面向 21 世纪教育振兴行动计划》提出了"造就一批具有世界先进水平的中青年学术攻坚人才"的目标。这些政策表明我国高等教育发展进入了"重点建设引领"的新阶段，其中，国际化成为高等教育重点建设的内容与目标。与此同时，这些政策也为西部地区高等教育国际化的发展提供了制度指引。

3.2.1　人员国际化规模逐渐增大，并逐步纳入规范化管理轨道

3.2.1.1　出国留学

1993 年，国务院颁发《国务院关于〈中国教育改革和发展纲要〉的实施

意见》，提出"建立国家留学基金委员会，使出国与来华留学的招生、选拔和管理工作走上法制化轨道。"选拔方针为："个人申请、专家评议、公平竞争、择优录取、签约派出、违约赔偿"。江苏和吉林两省于1995年成为试点省份，留学工作于1996年在全国范围内全面铺开。至此，我国出国留学逐渐实现了从行政管理到"法规、科学、规范"的转化，有力地促进了出国留学事业的稳健发展。在公派出国留学生中，有99%的学生能完成学业并回国，成为我国各行各业建设的重要力量。到20世纪末，我国已经建立了比较完善的出国留学政策体系，留学政策进入了法治化和规范化的道路。21世纪以来，出国留学政策进一步得到了丰富和发展，由于"科教兴国、人才强国"战略的提出以及社会发展对各级各类高层次人才的需求进一步扩大，国家留学基金管理委员会陆续设置了一些新的政策项目，诸如为西部地区培养人才的西部项目，以及设置自费留学项目等。2007年国务院又批准设立《国家建设高水平大学公派研究生项目》，每年选派5 000名研究生出国攻读博士学位或联合培养博士。2009年，教育部办公厅印发《国家建设高水平大学公派研究生项目学费资助办法（试行）》，进一步明确了对公派研究生的资助管理办法，加大了资助力度。在一系列政策措施的激励下，我国西部地区公派出国留学的人数也得到了稳步增长。

3.2.1.2 来华留学

1989年，《关于招收自费来华留学生的有关规定》由国家教育委员会发布，允许高校在经批准后自主招收。在此政策激励下，自费留学生的规模得到进一步扩大。2000年1月，教育部、外交部和公安部联合发布《高等学校接受外国留学生管理规定》，确定来华留学学生工作方针为"深化改革，加强管理，保证质量，积极稳妥发展"。2004年国务院批转教育部《2003—2007年教育振兴行动计划》，其中明确提出要按照"扩大规模、提高层次、保证质量、规范管理"的原则，积极创造条件，扩大来华留学生的规模。自2008年以来，我国大幅扩大政府奖学金留学生规模，鼓励高层次人才到中国留学。2008—2010年，我国每年约增加3 000名来华留学生奖学金名额，其中西部地区也有少量来华留学生奖学金名额。

3.2.2 中外合作办学受到极大的重视

随着改革开放力度的加大，中外合作办学迎来了良好的外部发展环境。我国中外合作办学得到了快速发展，已经成为我国高等教育体系的重要组成部分，这也为西部地区高等教育国际化提供了良好的发展契机。

1993 年 6 月，国家教育委员会发布《关于境外机构和个人来华合作办学问题的通知》，提出"多种形式的教育对外交流和国际合作是我国改革开放政策的一个重要组成部分……，通过接受捐资助学、合作办学等形式，有条件、有选择地引进和利用境外于我有益的管理经验、教育内容和资金，有利于我国教育事业的发展"。1995 年，国家教育委员会发布《中外合作办学暂行规定》，该规定对中外合作办学的内涵进行了界定，同时明确"中外合作办学是中国教育对外交流与合作的重要形式，是对中国教育事业的补充"。1996 年《关于加强中外合作办学活动中学位授予管理的通知》发布，规范了中外合作办学中学位授予等相关活动，对促进中外合作办学有序发展起到了积极作用。1998 年颁布的《中华人民共和国高等教育法》第十二条规定："国家鼓励和支持高等教育事业的国际交流与合作。"

为进一步规范中外合作办学活动，国务院于 2003 年 3 月颁布了《中华人民共和国中外合作办学条例》，对中外合作办学的性质、教育教学、学历认证等方面都作了详细规定。2004 年 6 月，教育部又发布《中华人民共和国中外合作办学条例实施办法》，对中外合作办学机构设立、活动、管理等内容进行了具体规范，并对不予批准筹备设立中外合作办学机构的项目情形作了规定。之后，我国又陆续发布《教育部关于做好中外合作办学机构和项目复核工作的通知》《教育部关于当前中外合作办学若干问题的意见》《教育部关于进一步规范中外合作办学秩序的通知》等。至此，我国中外合作办学包括西部地区的中外合作办学以提高质量和规范发展作为其基本发展方向。

3.3 我国西部地区高等教育国际化的较快发展阶段（2011—2019 年）

2009 年《国家中长期教育改革和发展规划纲要（2010—2020 年）》（以下简称《规划纲要》）出台，明确了未来较长一段时期内我国教育对外开放的具体内容与路径，其中包括引进境外优质教育资源、中外合作办学、走出去办学、留学教育、科研合作等。我国西部地区高等教育国际化开始将引入的国（境）外资源与本土高等教育体系的结合或融合作为重点，并在本土高等教育实践中推行能对接国际的办学活动。在办学形式上，我国侧重引入国（境）外一流大学在中国办学；在人才培养方面，注重国际化课程的建设，为来华留学生提供全英语授课；在科学研究方面，启动了"国别与区域问题研究"项目，尝试将国际化与西部地区高等院校办学相融合。在高等院校的发展战略中，国际化也成为西部地区高等院校发展的重要内容之一。所以，在《规划纲要》推进的大背景下，我国西部高等教育国际化成为高等教育内涵建设的重要内容之一。

2015年《推动共建丝绸之路经济带和21世纪海上丝绸之路的愿景与行动》出台，将"教育参与"作为"一带一路"沿线国家合作的主要内容。2016年教育部颁布《推进共建"一带一路"教育行动》，将高等教育国际化上升为服务国家"一带一路"倡议的重要推手。2016年出台的《关于做好新时期教育对外开放工作的若干意见》系统设计了我国高等教育对外开放的战略内容，并强调了教育对外开放配合"一带一路"倡议的内容要点。2017年的《统筹推进世界一流大学和一流学科建设实施办学（暂行）》，在遴选条件中将"国际交流合作"提高到与人才培养、科学研究、社会服务、文化传承和师资队伍建设同等重要的位置。这一阶段，在国家政策安排与战略布局的推进中，西部地区高等教育国际化由国家战略和院校行动上升为"国家行动"，主动参与国家战略成为这一时期西部地区高等教育国际化发展的重要前提和核心导向，有力地促进了西部地区高等教育国际化的发展。

3.3.1 出国留学和来华留学规模继续扩大

3.3.1.1 出国留学

这一阶段，西部地区出国留学工作有了新要求并出现了新特征：留学类型更加多样化，国家公派数量持续增加，自费留学数量不断提高。国家留学基金管理委员会的数据显示，选派的各类国家公派留学人员包括高级访问学者、访问学者、博士后、赴国外攻读博士生、联合培养博士生等8类人员。类型不断丰富、层次不断提高是这一阶段我国西部地区公派出国留学呈现出的显著特征，大批优秀学生受到国家奖学金项目资助到海外留学并归国，成为我国社会主义现代化建设的重要力量。2013年，在欧美同学会成立100周年庆祝大会上，习近平总书记提出了"支持留学、鼓励回国、来去自由、发挥作用"的新时期留学工作方针。在自愿基础上，支持高质量走出去，鼓励优质留学人员回国，构成了我国新时期出国留学教育的基本方针。在国家的整体指导下，西部地区出国留学工作也得到了发展。

3.3.1.2 来华留学

为了贯彻落实《规划纲要》的精神，教育部于2010年9月出台了《留学中国计划》，加快推进来华留学教育工作，力争将我国建设成世界主要留学目的地国之一。《留学中国计划》提出，"到 2020 年使我国成为亚洲最大的留学目的地，来华留学生人数达到 50 万人次"，即 10 年内来华留学生人数要在现有基础上翻一番。与此同时，进一步加强来华留学教育的规范化管理。2017年，教育部、外交部和公安部联合制定了《学校招收和培养国际学生管理办法》，对我国境内各级各类教育，特别是高等教育招收和培养来华留学生作出了明确的行政性指令，包括招生管理、教学管理和校内管理、奖学金和社会管理、监督管理等多方面内容。与此同时，从院校层面，各大高校特别是研究型大学也把提高来华留学生数量和质量作为提高办学水平和国际竞争力的重要手段。国家还设立专项接收留学生项目，如国家留学基金管理委员会设立的"国家公派优秀本科生国际交流项目""国家公派硕士研究生项目"等，以满足国家重点、急需专业领域对高水平高素质国际化人才的需求。这一阶段，西部地区来华留学工作也得到了发展。

3.3.2 出现了高水平的中外合作办学机构/项目，管理更加规范

此阶段中外合作办学以提质增效为基本要求，提高了与世界一流大学或研究机构开展高水平中外合作办学的要求，以全面助力我国高等教育融入世界一流学术圈。为此，西部地区顺应潮流，出现了西部地区高校与国际知名院校研究机构开展的高水平合作办学项目，如西安交通大学与英国利物浦大学举办的西交利物浦大学等。这些高水平的中外合作办学项目或机构成为我国西部地区高等院校与世界一流大学开展的实质性合作。西交利物浦大学 2017 年本科毕业生就业或就学情况显示，超过 80% 的毕业生选择继续留学深造，其中23.73% 的毕业生进入 QS 世界大学排名（QS World University Rankings）前 10的高校。同时，在举办中外合作办学过程中，我国高校根据中方办学理念和办学需求主动和外方开展办学活动。

在西部地区中外合作办学创新发展的进程中，教育主管部门持续加大了对西部地区中外合作办学活动的监管与引导。第一，开展办学活动的审查。教育部开始对申请举办实施本科以上高等学历教育的中外合作办学项目进行形式审查和实质性内容初审工作。第二，建立专门组织机构开展认证工作。2010 年筹建的"中国教育国际交流协会中外合作办学认证中心"，专门负责中外合作办学活动的认证工作。第三，引导学科专业结构调整。教育主管部门引导中外合作办学的学科专业布局向规范化方向发展，适当鼓励理工医学类中外合作办学项目，适当控制投资少、成本小的商科类项目，并向中西部倾斜。第四，加强中外合作办学质量保障工作。2013 年，为了提升高校中外合作办学质量，

推动建立中外合作办学质量保障机制建设，教育部专门出台了《关于进一步加强高等学校中外合作办学质量保障工作的意见》的文件。这些监管和引导，使得西部地区的中外合作办学更加规范。

3.3.3 "一带一路"倡议助推西部地区高等教育国际化的发展

"一带一路"倡议等国家层面的战略部署，为西部地区高等教育国际交流提供了支撑和保障。其中，人员的国际流动以"流入"为主要特征，主要包括接收留学生和引进境外高层次人才。首先，与"一带一路"倡议相呼应，提高来华留学生质量和层次。《关于做好新时期教育对外开放工作的若干意见》中提出打造"留学中国品牌"，重点在于提高留学教育质量。2017 年出台的《学校招收和培养国际学生管理办法》进一步规范了高等院校在招收、培养、管理国际学生方面的办学活动，为国际学生在中国境内学习提供便利，也为国际学生培养质量的标准化及质量监控提供了制度保障。其次，引进国（境）外高水平科研人员，为"双一流"战略提供人才支撑。在 2016 年出台的《高等学校学科创新引智基地管理办法》基础上，教育部、国家外国专家局重新制定《国家学校学科创新引智计划实施与管理办法》（教技〔2016〕4 号），提出"充分发挥引进国外高水平人才和智力在服务国家重大战略需求，引领和支撑世界一流大学和一流学科建设方面的重要作用"的目标，完善相关管理办法，进一步推动"111 计划"的实施。2018 年，教育部出台《高校科技创新服务"一带一路"倡议行动计划》，继续助力西部地区的高等教育国际化。

3.4 我国西部地区高等教育国际化的后疫情发展阶段（2020 年至今）

2020 年年初，新冠肺炎疫情开始出现，随后又在全世界范围内暴发。2020 年 3 月，世界卫生组织宣布新冠肺炎疫情全球大流行。这次新冠肺炎疫情传染性之强、传播范围之广、对社会经济生活影响之大，是百年罕见的。新冠肺炎疫情带来的一个重要影响就是国际交往的受阻。新冠肺炎疫情给高等教育领域带来了深远的冲击和影响，这必然会为我国西部地区高等教育国际化的发展带来新的影响。

3.4.1 "逆全球化"的影响

新冠肺炎疫情发生以前，世界上已经出现了"逆全球化"的趋势，尤其是英国脱欧和美国特朗普政府实施的反全球化政策。"逆全球化"的趋势也必然会反映在高等教育国际化发展上。全球合作的减少、跨国公司的减少会导致跨国工作机会和对跨国人才需求的减少，这在一定程度上会影响人们留学的愿望和动机。

3.4.2 新冠肺炎疫情带来了教育模式的变化

疫情期间，各个学校包括我国西部地区的学校纷纷暂停采用面对面授课的线下教育模式，转向了线上教育。疫情暴发以来，各国大幅度减少了人员往来，从而使得疫情期间的高等教育国际化的规模大大缩小。新冠肺炎疫情带来的线上教学模式还会导致另一个变化，那就是线上课程得到进一步的开发，各国为了维持疫情期间的教学，不得不大力研发线上课程，竭力提高线上授课的效果。所以，线上课程将会成为高等教育国际化的一个发展方向，我国西部地区也不例外。

3.4.3 留学政策的变化

新冠肺炎疫情暴发以来，很多国家尤其是西方国家调整了留学政策，在留学生的签证、上课方式、居留时间等方面出台了一些新的规定，这些新规定必然会影响留学生的生活、学习，从而影响高等教育国际化的发展趋势。这些新规定主要分为两类：一类是限制留学生签证和对其学习和居留不利的政策规定；另一类是放宽留学生签证和居留限制的政策规定。这些也会影响我国西部地区高等教育国际化的发展。

新冠肺炎疫情暴发后，各国控制疫情的成效不同，针对留学生的政策也不同，必然会影响留学生对留学目标国家的选择，进而改变高等教育国际化的格局。疫情控制效果好的国家，也就意味着更低的健康风险、更为安全的留学居住环境，必然会得到更多留学生的选择。吸引更多留学生的国家会获得更多的资金收入，与留学相关的产业链也会得到更好的发展，留学生今后留在目标留学国家工作的可能性会提高，这会进一步促进两国之间的经贸、科技、文化等各个方面的交流与合作。而对留学生吸引力下降的国家其效果相反，留学生的减少会影响其高等院校的学费收入，这会使得高等院校反对政府的相关留学政策，并对其抗疫不力表示不满，长期来看则会减少两国的经贸、科技、文化的交流与合作，不利于发展双边关系。这种状况既对西部地区高等教育国际化提供了机遇，又提出了严峻的挑战。

4 我国西部地区高等教育国际化的机遇、现状和问题

4.1 我国西部地区高等教育国际化面临的机遇

目前，我国西部地区高等教育国际化的发展面临以下四个主要机遇。

4.1.1 "一带一路"倡议带来的战略机遇

古丝绸之路是"一带一路"倡议构想的来源。古丝绸之路最早可追溯到古代中国，其历史源远流长。古丝绸之路从最初向国外运输中国商品，到后来发展成为连接东西方经贸往来的交通要道。西部地区作为我国沟通亚欧非的必经之路，具有非常重要的战略地位。"一带一路"尤其是其中的"一带"起始于西部地区，是通向中亚、西亚和欧洲的必经之路，显示出我国西部地区交通枢纽的重要地位。"一带一路"倡议致力于开展更大范围、更深层次、更高水平的国际合作与交流。面对千载难逢的历史机遇，我国西部地区应积极与"一带一路"沿线国家开展高等教育交流合作，培养大批服务于"一带一路"建设的急需人才，努力形成"携手同行、顶层设计、政策倾斜、重点突破"的"一带一路"教育行动国际合作新局面。我国西部地区应紧跟国家的战略步伐，牢牢抓住历史机遇，积极推进与"一带一路"沿线国家的教育交流与合作，为西部地区高等教育国际化的进一步发展注入新的动力。

4.1.2 新冠肺炎疫情带来的历史机遇

2020 年新冠肺炎疫情的暴发，一方面给我国高等教育国际化带来了许多

挑战，但同时也带来了诸多的机遇。我国控制新冠肺炎疫情成效显著，使得我国成为安全区，为高等教育国际化合作创造了良好的外部环境。

4.1.3　国家颁布的政策带来的政策机遇

习近平总书记曾在"一带一路"国际合作高峰论坛开幕式上提出，民心相通是"一带一路"建设的社会根基，各国需在文化交流、学术往来、人才培养等领域开展广泛的合作与交流，扩大双方的留学生规模，开展合作办学，"中国每年将向沿线国家提供一万个政府奖学金名额，深化沿线国家间人才交流合作"。2016 年，教育部发布了《推进共建"一带一路"教育行动》，并提出以分批签署省（区、市）共建合作协议方式，对各省（区、市）予以实质性政策支持。2016 年以来，教育部先后与甘肃、宁夏、贵州、云南、新疆、广西、内蒙古、陕西、青海和重庆 10 个西部地区省（区、市）签署了合作备忘录，主要节点省（区、市）的"一带一路"教育行动网基本形成，此举旨在引领并推动签约单位发挥其地方特色和区位优势，在涉及宏观指导、涉外办学、双向留学、国别与区域研究、能力建设、平台建设、人文交流等方面对"一带一路"西部主要节点城市予以实质性重点支持，协作推进"一带一路"教育行动。西部地区应积极响应国家的战略规划，抓住机遇，实现西部地区高等教育国际化发展与"一带一路"倡议的深度融合。

4.1.4　特殊的地理位置带来的空间机遇

"一带一路"贯穿亚欧非大陆，涉及中亚、南亚、东南亚、西亚、中东、中东欧、部分欧洲发达国家和非洲国家，这些沿线国家是西部地区高等院校重点开展合作的对象。目前，鉴于我国西部地区高等教育的比较优势还不够明显，欧洲发达国家是我国西部地区高等院校国际交流合作的主要对象，并且在人才流动上，主要以人才输出为主。我国西部地区高等院校与"一带一路"沿线国家高等院校的合作交流相对比较薄弱。西部地区高等院校除了具有我国高校在国际化教育中的共性外，还受到地理位置的约束，国际知名度较低，国际交流与合作力度较小，同时将自身定位于服务西部建设，办学区域容易局限在西部地区。随着"一带一路"倡议的实施以及中外经贸往来的增加，"一带一路"沿线国家必将会更多地去接触和了解我国西部的一些城市（西安、成都、昆明等），西部地区高等教育的国际化也会引起"一带一路"沿线国家的注意，从而为西部地区高等院校推动高等教育国际化提供战略机遇。所以，西部地区高等院校应审时度势，把"一带一路"沿线国家作为国际合作与交流的重点，通过加强与"一带一路"沿线国家的教育交流与合作，增强自身在沿线国家的知名度和影响力，提高对沿线国家留学生的吸引力，从而推动西部地区高等教育国际化向更广阔的空间拓展。

4.2　我国西部地区高等教育国际化的现状

为了"一带一路"倡议的推进和实施，国家及地方政府、高等院校陆续出台了一系列的配套措施。这些措施为我国西部地区高等教育国际化的发展提供了强有力的保障。但同时，我国西部地区高等教育发展的现实困境仍然存在并急需解决。本书基于"一带一路"倡议的背景，对我国西部地区高等教育国际化的现状进行分析。

4.2.1　西部地区来华留学生的现状

4.2.1.1　"一带一路"沿线国家来华留学生现状

近年来，来华留学教育蓬勃发展，来华留学生总数从 2013 年的 35.649 9 万人上升至 2018 年的 49.218 5 万人，增幅为 38%。排名前 10 名的国家分别为：韩国 50.600 万人，泰国 28.608 万人，巴基斯坦 28.023 万人，印度 23.198 万人，美国 20.996 万人，俄罗斯 19.239 万人，印度尼西亚 15.050 万人，老挝 14.645 万人，日本 14.230 万人，哈萨克斯坦 11.784 万人。留学生人数排名前 10 的省市分别为：北京 80.786 万人，上海 61.400 万人，江苏 45.778 万人，浙江 38.190 万人，辽宁 27.879 万人，天津 23.691 万人，广东 22.034 万人，湖北 21.371 万人，云南 19.311 万人，山东 19.078 万人。可以看出，排名前 10 名的省市中，西部地区只有云南位居其中（排在第 9 名）。

与此同时，"一带一路"沿线国家留学生规模也逐步扩大，从 2013 年的 16.078 4 万人上升至 2018 年的 26.071 5 万人，净增约 10 万人。在来华留学生人数占比方面，2013—2017 年，"一带一路"沿线国家来华留学生在全国来华留学生人数的占比由 45.1% 逐年稳步提升至 64.9% 后，2018 年有所下滑。统计资料显示，2018 年，"一带一路"沿线国家来华留学生占全国来华留学生人数的 53%，超过了其他国家和地区来华留学生人数的总和，这表明"一带一路"沿线国家逐渐成为来华留学生的主要生源国。前 10 位来华留学生的生源国依次为泰国、巴基斯坦、印度、俄罗斯、印度尼西亚、老挝、哈萨克斯坦、越南、孟加拉国和马来西亚，共有来华留学生 17.2 万人，占"一带一路"沿线国家来华留学生总数的 65.97%（见表 4-1）。

表 4-1 2018 年"一带一路"沿线国家来华留学生规模前 10 名统计表

序号	国家名称	来华留学生人数/人	在"一带一路"沿线国家来华留学生中的占比/%
1	泰国	28 608	10.97
2	巴基斯坦	28 023	10.75
3	印度	23 198	8.89
4	俄罗斯	19 239	7.38
5	印度尼西亚	15 050	5.77
6	老挝	14 645	5.62
7	哈萨克斯坦	11 784	4.52
8	越南	11 299	4.33
9	孟加拉国	10 735	4.11
10	马来西亚	9 479	3.63
合计		172 060	65.97

数据来源：《来华留学生简明统计》。

4.2.1.2 西部地区来华留学生现状

从来华留学生规模来看，2013—2018 年，西部地区绝大部分省（区、市）呈递增的趋势（见表 4-2）。从分省（区、市）情况来看，可以把西部 12 省（区、市）分成 3 个梯队：四川、广西、云南与陕西属于第一梯队，来华留学生数量最多；重庆、贵州、内蒙古、新疆和甘肃属于第二梯队，来华留学生规模处于中等水平；其他 3 个省（区）来华留学生数量偏少，属于第三梯队。其中，2015 年以来，西藏每年招收来华留学生的数量低于 30 人。西部 12 省（区、市）中，高等教育发展状况与当地的经济发展水平有关，这两者共同影响当地来华留学生的规模。

表 4-2   2013—2018 年西部地区来华留学生人数   单位：人

年份	四川	陕西	重庆	广西	云南	贵州	内蒙古	新疆	甘肃	青海	宁夏	西藏
2013	6 066	7 127	4 516	10 033	9 306	713	2 700	6 382	2 215	623	569	39
2014	7 124	8 080	6 166	8 367	9 422	1 249	2 651	5 691	2 768	151	503	36
2015	8 880	8 890	6 434	10 287	12 078	1 686	2 481	5 894	2 181	693	687	19
2016	10 796	9 679	7 213	12 189	14 925	2 149	2 770	4 989	2 740	787	795	19
2017	11 877	11 415	8 510	14 017	18 338	3 894	4 446	5 504	2 654	464	796	27
2018	13 990	12 919	9 530	15 217	19 311	4 057	3 795	2 767	3 036	347	824	22

数据来源：《来华留学生简明统计》。

4.2.2   西部地区中外合作办学机构/项目的现状

中外合作办学是指中国与外国教育机构依法在中国境内合作举办以中国公民为主要招生对象的教育教学活动，包括合作设立机构与合作举办项目两种形式。中国教育机构仅以互认学分的方式与外国教育机构开展的学生交流活动，不纳入中外合作办学项目加以管理。本书只统计由教育部审批和复核的西部12 省（区、市）的机构及项目名单（截至 2021 年 6 月），没有统计由地方审批报教育部备案的机构及项目名单。

西部地区的中外合作办学机构和项目数量，共计 150 个。其中，重庆数量最多，共计 34 个。数量排前 5 的省（区、市）依次是重庆、陕西、四川、云南和广西，共占总数量的 87.3%，而甘肃、青海、宁夏和西藏没有中外合作办学机构和项目，各省（区、市）中外合作办学机构和项目数量差异较大。在中外合作办学学历层次方面，以本科学历层次合作办学为主，本科办学机构和项目为 124 个，占总办学项目数量的 82.7%。这一现象可能与西部本土高等教育资源占有量及高校办学层次有关。比如，陕西省有 8 所原"211 工程"院校，3 所原"985 工程"院校，49 个研究生培养单位，这就决定了其研究生层次中外合作办学招生规模较大。而内蒙古自治区虽然有本科层次的办学项目，但没有本科层次的办学机构，也没有开展研究生中外合作办学层次的高校（见表 4-3）。

另外，目前整个西部地区的博士层次的中外合作办学只有一个项目，即电子科技大学与葡萄牙 ISCTE 里斯本大学学院合作举办的管理学博士学位教育项目，所以，博士层次的项目还有较大的发展空间。

表 4-3　西部地区不同学历层次的中外合作办学机构和项目数量

单位：个

	本科办学机构	本科办学项目	硕博办学机构	硕博办学项目	总量
四川	5	15	1	7	28
陕西	4	14	3	8	29
重庆	3	28	0	3	34
广西	1	18	0	0	19
云南	0	18	0	3	21
贵州	1	10	0	1	12
内蒙古	0	5	0	0	5
新疆	0	2	0	0	2
甘肃	0	0	0	0	0
青海	0	0	0	0	0
宁夏	0	0	0	0	0
西藏	0	0	0	0	0
合计	14	110	4	22	150

数据来源：中外合作办学监管工作信息平台。

4.2.3　西部地区与外方合作办学概况

与西部省（区、市）合作办学的外方合作办学者来自多个国家，主要集中于欧美国家、澳大利亚、韩国等教育强国。从数量来看，西部地区与英国和美国合作办学的机构/项目最多（各为36个），而与芬兰、瑞典、瑞士、印度、西班牙、马来西亚、葡萄牙、阿联酋、匈牙利和希腊10个国家分别只有1个合作办学机构/项目。合作办学机构/项目最多的前4个国家分别是英国（36个）、美国（36个）、澳大利亚（18个）、德国（7个）。在西部地区，由于甘肃、青海、宁夏和西藏没有合作办学机构和项目，所以也没有和外方合作的办学者（见表4-4）。

表 4-4　与西部地区合作办学的外方办学者数量统计

单位：个

	四川	陕西	重庆	广西	云南	贵州	内蒙古	新疆	甘肃	青海	宁夏	西藏	合计
俄罗斯	1	2			1		1	2					7
爱尔兰		1			1								2
美国	8	3	9	6	4	5	1						36
英国	10	6	6	5	5	4							36
法国	2	2	1		1								6
意大利		2	1		1								4
澳大利亚			4	6	2	3	1	2					18
波兰				1	1			1					3
德国	2	3	2										7
瑞士				1									1
新西兰				1	1								2
韩国	1		3	2									6
瑞典	1												1
泰国					2								2
加拿大	1	1			1	1							4
印度					1								1
芬兰				1									1
西班牙				1									1
马来西亚				1									1
葡萄牙	1												1
阿联酋		1											1
匈牙利					1								1
希腊						1							1
合计	27	25	33	19	21	12	5	2					

数据来源：中外合作办学监管工作信息平台。

4.2.4 西部地区与"一带一路"沿线国家中外合作办学的现状

目前，与西部地区开展中外合作办学的国家有 7 个属于"一带一路"沿线的国家（见表4-5）。与"一带一路"沿线国家合作办学的现状表明，西部地区并没有充分发挥毗邻"一带一路"沿线国家的区位优势，与"一带一路"沿线国家的中外合作办学仍需加强。

表 4-5　西部地区与"一带一路"沿线国家合作办学情况

序号	国家	机构和项目数量/个	占总项目数量比/%
1	俄罗斯	4	2.66
2	波兰	2	1.33
3	印度	1	0.06
4	泰国	1	0.06
5	阿联酋	1	0.06
6	匈牙利	1	0.06
7	希腊	1	0.06
合计		11	4.29

数据来源：中外合作办学监管工作信息平台。

4.2.5 西部地区中外合作办学涉及的专业

西部地区中外合作办学机构和项目共开设 91 个专业，数量排前 20 的专业分布在 99 个中外合作办学机构和项目中，其占中外合作办学机构和项目总数的 66%（见表4-6）。专业复置率是衡量中外合作办学引进国外教育资源多样性的重要标准，用中外合作办学机构和项目总数与专业种类总数的比值表示。专业复置率越高，表明引进国外教育资源越单一。西部地区中外合作办学的专业复置率为 1.648（即 150/91），表明我国西部地区引进多样化的国外教育资源能力有待提升。由表4-6 可以看出，西部地区中外合作办学在机构和项目数量上占比排前三的专业分别是土木工程、会计学和机械设计制造及其自动化。除了表4-6 所列举的 20 个专业外，剩余的 71 个专业中，有 19 个专业在机构和项目数量上为 2 个，52 个专业在机构和项目数量上为 1 个。

表 4-6　西部地区中外合作办学在机构和项目数量上占比排前 20 的专业

单位：个

排序	专业	机构/项目数量	排序	专业	机构/项目数量
1	土木工程	11	11	视觉传达设计	4
2	会计学	9	12	物流管理	4
3	机械设计制造及其自动化	8	13	管理学	4
4	计算机科学与技术	7	14	体育学	4
5	电子信息工程	6	15	环境设计	3
6	电气工程及其自动化	5	16	通信工程	3
7	机械工程	5	17	学前教育	3
8	金融学	5	18	酒店与餐饮管理	3
9	工商管理	5	9	音乐学	3
10	软件工程	4	20	信息管理与信息系统	3

数据来源：中外合作办学监管工作信息平台。

4.2.6 "一带一路"沿线国家高校的世界排名情况

在"一带一路"沿线 65 个国家中，进入 2018 年全球大学排行榜（上海交通大学世界大学学术排名采用 2017 年的数据，其他大学排名采用 2018 年的数据）的国家数量比较少。"一带一路"沿线国家大学在 QS 世界大学排名中表现最好，共有 40 个国家上榜；在 USNEWS（《美国新闻与世界报道》世界大学排名）和 THE（《泰晤士报》世界大学排名）中，"一带一路"沿线国家大学都只有 35 个进入排行榜；在 ARWU（上海交通大学世界大学学术排名）中，"一带一路"沿线国家大学表现最差，只有 20 个国家的大学进入。从入围 2018 年全球大学排行榜 500 强的学校数量来看，"一带一路"沿线国家大学的表现同样不太乐观，入选 QS 世界大学排名榜单的数量最多，有 69 所，出现在其他 3 个榜单的高校数量分别为 38 所、28 所和 30 所。这一现象说明，很多"一带一路"沿线国家高校无缘世界大学排行榜。

4.2.7 西部地区设立"一带一路"沿线国家专项奖学金现状

自"一带一路"倡议提出以来，尤其是从 2016 年开始，西部各省（区、市）和高校陆续面向"一带一路"沿线国家设立了专项奖学金项目。除此之外，教育部于2016年设立"丝绸之路"中国政府奖学金项目，每年资助1万名"一带一路"沿线国家新生来华学习或研修。除此之外，我国还设立了中国政府来华留学奖学金、孔子学院来华留学奖学金等。2017年，教育部提出在现有奖学金基础上，每年向"一带一路"沿线国家额外提供总数不少于3 000个的奖学金新生名额。由此形成了国家、地区和高校联合推动"一带一路"来华留学生教育发展的立体格局，全面提升来华留学教育吸引力。

从招生对象来看，西部地区充分发挥区位优势吸引周边国家和地区的留学生。比如，重庆设立重庆市人民政府外国留学生市长奖学金丝路专项，奖励"一带一路"沿线国家政府官员、商业领域中的高级管理人员、学术机构中的高级管理人员、具有领导潜能的青年人士，资助其在渝学习期间学费、教材费、实习见习费等费用，并提供国际旅费、住宿和生活补贴。四川设立了成都市"一带一路"留学生政府奖学金，奖励"一带一路"沿线国家的来华留学生，还设立成都市东盟艺术奖学金，奖励来自东盟国家的留学生在市属高校艺术类专业接受本科及以上层次的学历教育。贵州设立贵州省东南亚奖学金，面向东南亚国家的来华留学生；设立黔老留学生奖学金，面向老挝来华留学生，其可以免交学费、住宿费，并提供医疗保险和生活补助。广西设立了老挝留学生奖学金、柬埔寨留学生奖学金和东盟国家留学生全额奖学金，奖励到广西学习的优秀留学生。甘肃设立甘肃省丝绸之路专项奖学金，每年划拨经费奖励"丝绸之路"经济带沿线国家的留学生。云南面向南亚、东南亚国家政府官员、企业职员、自主创业者、高校教师等群体设立奖学金项目。内蒙古设立内蒙古自治区人民政府奖学金，奖励来华留学生。宁夏设立宁夏地方政府来华留学奖学金，奖励到宁夏学习的留学生。新疆设立了新疆政府奖学金、新疆生产建设兵团来华留学政府奖学金等，奖励到新疆学习的来华留学生。青海设立了青海省外国留学生政府奖学金，根据来华留学生学历层次，给予相应的奖学金资助等。总体而言，资助额度能够有效发挥吸引优秀学生来华留学的作用，进而推动"一带一路"来华留学生教育事业的发展。

4.2.8 国家层面：推动"一带一路"沿线国家来华留学事业发展的政策与项目

新一轮西部大开发战略及"一带一路"倡议为西部地区高等教育国际化提供了政策机遇，政府出台了一系列鼓励西部地区开展中外合作办学的政策，比如中共中央办公厅、国务院于2016年联合下发《关于做好新时期教育对外开放工作的若干意见》，2013年教育部出台《教育部关于进一步加强高等学校中外合作办学质量保障工作的意见》；2017 年，教育部、外交部和公安部联合下发《学校招收和培养国际学生管理办法》；2018 年，教育部出台《高校科技创新服务"一带一路"倡议行动计划》。同时，国家还通过以下行动助力西部地区高等教育国际化的发展。

4.2.8.1 教育部与西部地区各省（区、市）签署开展"一带一路"教育行动国际合作备忘录

2016 年，教育部发布了《推进共建"一带一路"教育行动》，并提出以分批签署省（区、市）共建合作协议方式，对各省（区、市）予以实质性政策支持。2016 年以来，教育部先后与甘肃（2016 年）、宁夏（2016 年）、贵州（2016 年）、云南（2016 年）、新疆（2016 年）、广西（2016 年）、内蒙古（2017 年）、陕西（2017 年）、青海（2017 年）和重庆（2019 年）10 个西部地区省（区、市）签署了合作备忘录，引领与推动签约单位发挥区位优势与地方特色，全面推进"一带一路"教育行动，形成"一带一路"教育行动国际合作新局面。

4.2.8.2 中国与"一带一路"沿线国家签订学历学位互认协议

留学目的国的学历学位能否获得本国政府认可是留学生选择留学与否的重要考量，同时，签订学历学位互认协议是加强"一带一路"沿线国家政策沟通的重要方式。截至 2021 年 1 月，我国先后与 30 个"一带一路"沿线国家签订了学历学位互认协议（见表 4-7）。

表 4-7　与中国互认学历学位的"一带一路"沿线国家

序号	"一带一路"沿线国家	所在区域
1	泰国	东南亚
2	越南	东南亚
3	菲律宾	东南亚
4	马来西亚	东南亚
5	印度尼西亚	东南亚
6	老挝	东南亚
7	蒙古	东亚
8	斯里兰卡	南亚
9	马尔代夫	南亚
10	尼泊尔	南亚

表4-7(续)

序号	"一带一路"沿线国家	所在区域
11	印度	南亚
12	哈萨克斯坦	中亚
13	土库曼斯坦	中亚
14	吉尔吉斯斯坦	中亚
15	乌兹别克斯坦	中亚
16	亚美尼亚	西亚
17	阿塞拜疆	西亚
18	波兰	中东欧
19	立陶宛	中东欧
20	爱沙尼亚	中东欧
21	拉脱维亚	中东欧
22	匈牙利	中东欧
23	罗马尼亚	中东欧
24	保加利亚	中东欧
25	捷克	中东欧
26	阿尔及利亚	中东欧
27	俄罗斯	中东欧
28	乌克兰	中东欧
29	白俄罗斯	中东欧
30	埃及	北非

数据来源：中华人民共和国教育部网站。

由表4-7可以看出，我国与"一带一路"沿线国家签订的学历学位互认协议中，按区域排序分别为：

中东欧（9国）、东南亚（6国）、中亚（4国）、南亚（4国）、中东欧（3国）、西亚（2国）、东亚（1国）、北非（1国）。值得一提的是，"一带一路"沿线国家中，西亚有20个国家，而与我国签订学历学位互认协议的只有2个国家（亚美尼亚和阿塞拜疆），所以，我国可以考虑在这个区域进行拓展。

4.3　我国西部地区高等教育国际化面临的主要问题

4.3.1　新冠肺炎疫情带来的冲击

新冠肺炎疫情的暴发，使得全球高等教育的国际化进程受阻，在这一大环境下，西部地区高等教育国际化也相应地受到了影响。比如，在外籍教师的聘用上，疫情期间很多外籍教师不能来中国，更多的是采用线上授课，教学质量有所下滑。在来华留学生方面，受疫情的影响，来华留学的国际学生明显减少。在国际合作交流上，中外双方难以见面，只能采取邮件交流或者视频交流，难以达到交流的效果。这些新问题都给我国特别是西部地区高等教育国际化发展带来了诸多冲击。

4.3.2　西部地区高等教育国际化的办学环境问题

西部地区由于长期受环境、地理位置、经济发展程度等因素的影响，高等教育发展进程缓慢、整体教育事业财政经费投入不足、国际化交流合作意识不强、国际知名度不高，阻碍了其国际化发展进程。相较于东部沿海地区，我国西部地区高等教育要相对薄弱一些，国际化的办学环境还不够完善，办学条件还有限。西部地区部分高等院校缺乏国际化办学的理念、国际化办学的整体规划和相应的保障措施，国际化办学的经费得不到保障，国际化办学路径不完善等，最终导致西部地区高等教育国际化办学的动力不足。同时，西部地区深处我国内陆地区，地理位置较为偏僻，难以吸引外籍高端人才和国外知名高校来西部地区工作与合作。受到地理位置的影响，西部地区的高校国际知名度不够高，较难形成对来华留学生的吸引力，从而影响了高等教育国际化的推进。长期封闭的社会经济状况以及由此形成的国际化意识淡薄也是西部地区的高校开展高等教育国际化的阻碍因素之一。

我国西部地区长期受本土意识影响严重，受国际化发展程度缓慢、经验缺乏、动力不足等因素影响，西部地区的高校不能迅速抓住"一带一路"倡议带来的历史机遇，缺乏对相关政策的深度解读，不能迅速找到实现自身高等教育国际化发展的突破口和有效路径。另外，我国西部地区高校对《关于做好新时期教育对外开放工作的若干意见》《推进共建"一带一路"教育行动》等文件理解落实不到位，无法将西部地区高等教育国际化与"一带一路"政策深度融合。

4.3.3　西部地区高等教育国际化的校院两级管理机制问题

新中国成立以来，我国高校内部管理体制几经变革，最终形成党委领导下的校长负责制和学校领导的学院制。就高等院校管理体制而言，我国普遍实行学校领导下的学院制，在校院两级关系上，涉及办学的学科建设权、财务权和人事权几乎都集中在学校层面。而学院作为高等教育国际化的实施者，既没有经费的支配权，也没有人事权，缺乏积极参与高等教育国际化的动力。此外，校内学院岗位安排容易标准化和统一化，容易忽视学院之间学科专业的国际化需求，也容易忽视学院之间国际化程度的差异性，以及由此形成的人员队伍需求多样性，压缩了学院开展高等教育国际化的空间，导致学院层面的国际化教育活动无法真正实施。

4.3.4　西部地区高等教育国际化的人才问题

西部地区高等教育国际化的人才问题主要表现在以下两个方面：

第一，我国西部地区国际化优秀人才培养能力严重不足。我国西部地区高校现有的学院多数按一级学科命名，学院内学科专业比较单一，学院之间管理相对封闭，国际化人才培养能力不足。目前，我国西部地区优质的国际化师资力量不足，外籍教师严重缺乏，本校教师全外文授课水平有限，双语授课的效果不尽如人意，国际化优秀人才培养能力严重不足。近年来，虽然我国着力加强与其他国家的教育交流合作，至2020年年底，我国已与46个国家和地区签订了学历学位互认协议，其中"一带一路"沿线国家30个，但总体来看，不承认我国高等教育学历学位的国家仍然占大多数。学历学位认可度小，核心竞争力缺乏，容易导致我国西部地区高等教育国际化知名度不高。

第二，我国西部地区人才流失比较严重，引进人才困难。高等教育的教学质量是其核心竞争力的突出表现，而核心竞争力的提高，很大程度上取决于优质的师资。我国东部沿海地区其优越的地理位置，经济发展水平较高、就业机会多、选择面广，能为优秀人才提供更好的发展平台，很容易吸引大量的优秀人才。而我国西部地区由于经济发展落后、比较优势不足，所以人才流失比较严重、人才引进难度较大。教育部发布的数据显示，西部地区普通高校正高级教职工数量远不及东南沿海地区，教职工结构不合理、外籍教师占比不高、优质人才吸收引进能力不足。有关资料显示，西部地区某高等院校近十年来流失的人才可以再建一所相同水平的高校。长此以往，西部地区高等院校优秀师资不断流失，人才引进困难，容易导致西部地区高等教育出现问题，最终导致人才培养和引进陷入恶性循环。这不仅不利于西部地区高等教育事业的发展，而且让原本就国际化程度不高的西部地区高等教育举步维艰。

4.3.5　西部地区来华留学生的教育管理问题

西部地区高校现有师资对外交流能力偏低，缺乏国际交流合作经验和能力，也缺乏对"一带一路"沿线国家文化、地理、政治、宗教等问题的理解。西部地区绝大多数高校由于缺乏专业的国际化管理人才和教师团体，致使其无法形成一套系统的、行之有效的国际化人才培养方案，难以形成系统合理的国际化课程体系。来华留学生的双语教材缺乏实用性和系统性，比较陈旧落后，不适应时代发展的需要，部分高等院校甚至没有可供来华留学生使用的双语教材。教学范式比较落后，不能真正满足来华留学生个性化、多样化的需求，课程的系统性和多样性也难以保障，教学质量有待提高，容易导致西部地区高等教育国际化缺乏核心竞争力。

西部地区有些高等院校的留学生管理服务不健全。对来华留学生，许多高等院校仍采取和国内学生"趋同教学管理"的培养模式，不能充分考虑中西方文化差异，无法兼顾留学生身心发展特点。西部地区由于缺乏相关的国际合作交流经验，对来华留学生管理服务意识不够，来华留学生毕业后就业创业不理想、人生规划不到位、医疗保险不健全、奖助学金覆盖人数有限。相关数据显示了来华留学生奖学金覆盖面只有 10.21%，来华留学生来西部高等院校留学负担过重，顾虑太多，种种不完善的来华留学生发展环境制约了西部地区高等教育国际化的发展。

4.3.6　西部地区小语种专业的问题

目前，"一带一路"沿线国家官方语言共计 53 种（详见附件 5）。2017年，国家信息中心"一带一路"大数据中心发布的《"一带一路"大数据报告（2017）》显示，在"一带一路"人才需求方面，语言类人才需求比较旺盛。由于我国西部地区高等院校师资匮乏，外语专业仍然以英语为主，对其他小语种不够重视，语言人才输出能力较弱，导致供不应求。此外，我国 60.15% 的语言服务企业集中于北京、上海、广东等地区，语言服务企业分布范围极不均衡，制约了西部地区高等院校小语种专业的发展，不利于语言人才的培养，阻碍了西部地区与"一带一路"沿线国家的交流与合作，高等教育人才的"引进来"和"走出去"面临现实挑战。

5 主要发达国家高等教育
国际化的策略和启示

本章以美国、英国和日本 3 个发达国家为例，分析这 3 个国家在高等教育国际化发展方面采取的策略，以及对我国高等教育国际化的启示，它山之石，可以攻玉，以期对我国高等教育国际化发展提供一定的参考和借鉴。

5.1 美国高等教育国际化的策略和启示

美国在推进高等教育国际化的过程中，形成了规范的制度、完善的评价体系和健全的服务体系，其高等教育一直保持世界领先地位和显著优势。

5.1.1 美国高等教育国际化的策略

5.1.1.1 围绕 5 个国际化精心打造高等教育国际化

美国教育理事会针对美国高等教育的发展情况，提出了将国际化意识、市场需求、政府和社会的支持力度、课程设置的国际性、学生外语水平、学生与教师的留学情况、留学生数量与规格、教育交流活动 8 个方面作为衡量美国高等教育国际化水平的指标。在实践中，美国围绕大学治理的国际化、学生的国际化、教师的国际化、课程的国际化和科研的国际化 5 个方面进行打造，大力提升高等教育的国际竞争力。美国高校积极参与国际教育，建立治理体系、互派师生、建设课程、夯实科研合作，稳步提升国际化水平，其教育水平稳居全球高等教育之首。

第一，大学治理的国际化。

美国大学治理体系规范了其高等教育国际化行为。在美国的大学中，国际化日益成为集中化和行政化行为。美国的大学普遍成立了相应的机构，如国际化工作委员会和国际化办公室，为国际化的实施制定国际化规划、完善国际化程序并分配国际化的人力资源。美国大学的国际化在整套规范机制的指导下开展工作，有效地保障了国际化发展的规范性和可持续性。按照时间的长短，美国高校的国际化工作委员会分为常务委员会和特设委员会。国际化办公室在国际化工作委员会的指导下开展具体工作，负责留学生的招生和管理，制定并实施学生交流项目，争取多方资助，辅助项目开展等。常务委员会负责制定初始目标和阶段目标，监督国际化规划的执行情况。特设委员会负责评估大学内部国际化的现状，根据评估结果提出完善的建议，为学校未来的国际化战略提供参考。

《绘制美国校园国际化蓝图调查》（以下简称《蓝图调查》）显示，美国58%的大学设立了国际化办公室，统领全校国际化工作，53%的大学配备了专职管理人员，监督协调国际化活动。在以上机构和部门的统领下，美国大学制定并落实国际化战略。美国49%的大学发展愿景涉及国际化或相关国际化的活动，47%的大学已将国际化或相关活动纳入战略规划的前五位。该报告表明，美国36%的大学拓展了合作伙伴关系的数量，19%的大学制定了正式的国际伙伴发展战略，32%的大学制定了全校性的专门指导方针来开发和评价国际合作伙伴关系，30%的大学雇用了专职人员发展国际合作伙伴关系。美国高校拓展合作伙伴关系的目标国就包括中国、印度等国。就国家分布而言，中国在美国高校活动国和目标国中都占据首位，亚洲和欧洲地区的国家处于其合作的最前沿，非洲与拉丁美洲地区的国家是其未来发展目标。

就合作机构/组织而言，美国高等教育机构与国外学术机构合作占比最高，达到73%，与非政府组织合作比例为34%，与外国政府合作比例为17%，与企业合作比例为12%，与其他类型合作比例为5%。可以看出，美国的合作战略重点为学术机构，高于其他四种类型的总和。该比例反映出美国高等教育机构侧重于在同类型机构间开展国际合作与交流，更愿意与类型相近的学术机构合作，从而产生实际成果。

第二，学生的国际化。

国际化最常用的策略是学生群体的国际化以及促进学生流动。交流既是美国高等教育的根基，也是发展壮大的源泉，留学生比例能直观反映一所大学的国际化程度与水平。为了刺激入境流动性，美国48%的大学制订了学校或学院层面的留学生招生计划，80%以上的计划对本科生或研究生开放。根据美国国际教育协会发布的2019年《门户开放报告》，2018—2019学年，美国留学生人数创历史新高，达到 1 095 299 人次，比上一学年高出 0.05 个百分点，连续 4 年超过 100 万人次，比 10 年前增加 423 683 人次，留学生占美国高等教育总人口的 5.5%。美国高度重视留学生群体，不仅因为其能增加校园多样化结构，更重要的是可以创造巨大的经济价值。根据美国商务部的统计，2018 年留学生为美国经济贡献了 447 亿美元，比上年增长 5.5%。51.6% 的留学生学习 STEM（科学、技术、工程、数学四门学科的英文首字母）领域，工程学仍然是留学生选择最多的学科，占所有留学生的 21.1%。数学和计算机科学领域的学习者超过商业和管理领域，成为留学生第二大学习领域，人数增长 9.4%。中国连续 10 年成为最大生源国，共有 369 548 名留学生参加不同类型的长短期项目，在全部留学生数中占比高达 33.7%，比上一学年高出 1.7 个百分点。在吸引留学生的同时，选派本国学生出国留学也是高等教育国际化的重要表现。美国政府通过各种举措鼓励学生参加交换项目，共有 341 751 名学生参加了 2017—2018 学年海外交流项目并获得学分，比上一学年增长 2.7%。欧洲国家仍然是美国学生的首选目的地，占比高达 55%，32% 的学生前往英国、意大利和西班牙等欧洲国家。美国在日留学人数比上年增长 12.4%，前往希腊、荷兰、以色列和阿根廷的美国留学生人数也出现了两位数增长，分别增长 20.0%、15.4%、11.9%、11.2%。更多 STEM 专业的学生选择出国留学，占总数的 25.6%。专业选择的多样性以及留学目的国的整体发展水平决定了留学人员的国际化视野，通过参加各种类型的留学项目，相关人员可以学习世界前沿知识，扩充知识结构，提升跨文化交际能力，进而促进本国经济、科技、教育等领域的全方位发展。

第三，教师的国际化。

我们可以从两个方面衡量教师的国际化：一是教师队伍的国际化水平，通常由国际教师的百分比和国际访问学者的人数决定；二是教师的国际视野，其与课程紧密相关，因为教师的视野决定了教学实践的国际化程度。国际视野包括的内容比较多，比如了解其他国家的文化、接纳不同的世界观、对自己国家的文化具有批判鉴赏能力、了解不同国家和地区的学科及专业结构、了解学科领域的内部劳动力市场、能够通用教学手段增强学生的学习体验等。美国的教师还要面对全球最多元化的移民群体，所以教师的跨文化能力显得十分重要。此外，对于大学的发展，国际教师的经验和服务水平非常重要。根据美国国家科学基金会的报告，美国大学的国际教师比例由 1973 年的 12% 增加到 2010 年的 26%，其中，计算机科学和工程领域的比例较高，分别占 49% 和 51%。美国政府和高校通过资金支持美国教师赴外国进修，学习最前沿的技能和知识。

同时，大力引进国际知名专家学者到美国任教，逐年提高国际教师尤其是高水平国际教师的比例。国际教师通过参与教学实践、课程设置、科学研究，逐步提升了学校的国际化水平，从而能够引领国际化的发展。

第四，课程的国际化。

美国教育委员会致力于了解高等教育国际化发展的现状，并确定其未来发展的重点。美国教育委员会每5年就会对全国高等教育机构进行一次全面的调查，调查结束后发布《蓝图调查》，通过该报告能够得到美国高校国际化状况最全面的资料。根据相关数据，60%具有本科学位授予权的美国大学正在积极推进本科课程的国际化。此外，美国的大学还大力开展国际合作学位项目，将其作为一种增加流动性、加深与国外合作伙伴关系和提升师生全球竞争力的手段。美国许多大学提供联合学位课程，或者正在开发此类项目或者开发非学位证书项目。在国际化本科专业培养方面，在商科领域设置了国际化专业或学位的美国大学占比最高，其次是教育和人文领域，处于较低水平的是社会科学、物理和自然科学领域。此外，美国的世界一流大学非常重视学生的国际化经历，有些大学甚至将学生的国际化经历纳入毕业的硬性要求之中。以美国加州大学圣地亚哥分校教育科学与领导学院为例，该学院的毕业要求曾规定，所有参加高级学位课程的学生都要参加"I"（国际）课程，或以其他方式完成国际化的要求，以使其毕业生具备以下四个能力：一是具有理解他国文化的能力；二是具有欣赏不同国家文化异同的能力；三是具有思考别国文化机遇和挑战的能力；四是具有了解文化多样性的教育内涵和全球化影响的能力。

第五，科研的国际化。

按照美国卡内基大学分类，截至2018年，在美国近5 000所授予学位的高等教育机构中，仅有270所左右的大学被认定为研究型大学。这些研究型大学是美国乃至世界的一流大学，是科研创新和科技发明的所在地，不断推动着美国经济和社会的发展。这些世界一流大学都将国际化纳入其发展的战略愿景，有些大学甚至上升到学校发展战略层面。这些学校通过顶层设计，采取多种形式的合作，比如共建国际合作平台、进行国际科研合作、进行国际联合申报项目，最终促进科研的国际化。

根据《蓝图调查》，美国博士院校近3年的国际科研合作较为突出，占比达34%；专业院校近3年的国际科研合作占比达11%；专科院校近3年的国际科研合作占比仅为1%。由此可见，博士层次的院校更加注重国际科研合作，而国际科研合作又反哺高等教育机构，提升了学校的水平和层次。在国际科研合作过程中，美国联邦政府发挥了巨大的作用。20世纪中叶以来，美国联邦政府加大力度资助学者的流动，并鼓励学者进行国际合作研究。

一直以来，美国联邦政府资助了大学的众多科研活动，20 世纪 60 年代末资助比例曾高达 73%，虽然在过去几十年里资助的比例有所下降，但仍然保持在 60% 左右。2017 年，5 个领域得到的资助最高，分别是：电器电子与通信工程、物理、计算机与信息科学、化学和心理学。国际科研合作实现了美国高等教育机构的国际化发展，同时使得美国在基础科学领域处于世界领先地位。

5.1.1.2 构建三级机制保障高等教育国际化的发展

美国构建了政府、高等教育机构和教育协会/基金会的三级机制，来保障本国高等教育国际化的持续发展。其中，联邦政府为国际化把控方向并提供相应的资金支持，高等教育机构主要执行国际化的策略，而教育协会/基金会主要进行宣传并提供辅助的资金支持。

美国政府主要通过 3 种方式联合推进国际化的发展：一是立法。美国国会提出并通过法案，制定政策目标，颁布实施计划，明确政府的资金支持。二是执行行动。总统制定目标和计划，高等教育机构执行计划。三是高等教育机构行动。高等教育机构制定国际化政策和计划，实施国际化使命，努力实现国际化的战略目标。国会法案规范政策和项目计划，要求高等教育机构在政府指导下确定行动方案。高等教育机构制定国际化行动方案和年度预算，提交总统和国会批准，后者根据当前执行情况和未来发展方向，审查高等教育机构的预算，确定年度国际化活动的重点支持范围和重点支持项目。有时候美国联邦政府年均可拨付约 400 亿美元支持高等教育机构开展研发工作，该费用约占联邦研发总预算的三分之一。

与此同时，美国教育协会协调并促进学生和教师流动、科研合作以及其他跨境活动。国际教育工作者协会（Association of International Educators，NAFSA）、美国国际教育协会（Institute of International Education，IIE）和美国教育委员会（American Council on Education，ACE）作为美国的核心国际教育服务机构，在当代美国高等教育体系中提供了全面而有效的服务和研究，助推了高等教育的国际化。美国一流大学大多将国际化作为战略任务和重要使命。有学者通过对 43 所美国研究型大学国际化战略规划的文本分析，发现大多数美国研究型大学在学校发展战略规划中将国际化列为优先发展事项，并设置专门负责国际化事务的机构或者工作委员会，建立国际化发展评价评估机制，并且由学校校长或教学副校长主管国际化事务。各大学制定以内部为重点的国际化政策，并积极寻求国外合作。

5.1.2 美国高等教育国际化对我国的启示

5.1.2.1 构建完善的相关高等教育国际化的行政组织构架

高等院校可以成立国际化工作委员会，统筹学校的国际化工作，结合学校特色与优势，制定国际化工作规划，定期召开国际化工作会议，根据国际化计划完成重点任务。高等院校的国际化办公室职能可以多元化，除了作为行政部门统筹学院（部门）开展常规工作之外，还应肩负学校国际化的科研职能，联合教务处、发展规划处、研究生院等部门定期采集国际化数据，收集学校开展国际化的进度、成果和不足，以报告的形式正式提交校长办公会审议，以科研成果指导国际化工作科学、有序、规范地开展。高等院校建立并发挥全球事务中心的统筹功能，负责组织教师境外培训、提升教师国际化水平，与国外访问学者进行科研合作、联合申报国际合作项目，开拓国际合作项目。此外，可设立毕业生助理岗位，协助国际化工作委员会进行管理和评估，不仅有助于提高国际化工作委员会工作的效率，还为毕业生提供高等教育行政、国际化教育等领域的专业锻炼机会。

5.1.2.2 注重高校国际化战略和国际化品牌建设

国际化战略是当下及未来高等院校发展战略的重要组成部分。纵观中外一流大学，国际化不仅是提升我国大学核心竞争力、创建世界一流大学的重要手段，也是我国大学提升自身实力和影响力的有效路径。目前，我国正处于建设世界一流大学的关键期，可以通过强化国际化战略，将办学的思路由规模转向质量，注重引进国外优质的教育资源，努力打造一批高标准、示范性的机构和项目。重点高校尤其是"新建高校"应该从源头提升国际化战略地位，强化国际化战略，并将其纳入学校的整体规划。

创建世界一流大学要注重教育品牌的建设，以逐步提高我国高等教育的影响力和知名度。针对高等院校的定位与特点，选择合适的境外知名高校、学术组织和国际组织，与其建立长效的合作机制。利用国家、省、高等院校等各个层面的留学基金项目，在教学和科研领域支持我国的骨干教师赴境外学习交流，不断提高我国师资队伍的国际影响力和竞争力。我国高等院校可以通过主办或承办国际学术会议，利用境外校友资源等，开展多方合作，实现高等教育国际化的跨越式发展。

5.1.2.3 扩大全球合作伙伴，加强科研合作

从美国高等教育的国际化发展来看，其不断寻求国际合作伙伴给我国的高等教育提供了一些借鉴。一国的高等教育机构应基于战略需求，根据互惠互

利、相互尊重、取长补短的原则，扩大全球合作伙伴的范围，构建不同类型和层次的战略合作伙伴关系，不断实现高等教育国际化进程中的多元化合作目标。一国的高等教育机构中，高等院校扮演着重要的角色，在高等院校的国际化战略中就应该规划全球的合作计划，在合作计划中应包括专门的科研合作计划，倡导协同利益，实现关系对等。高等院校应重点建设国际合作联合实验室（研究中心）和国家高等院校学科创新引智计划基地，加强与国外知名高等院校科研合作项目，提升合作成效。合作计划要明确分工，充分发挥3个方面的作用：高等院校的主导作用、学院层面的主体作用和教师拓展项目的引领作用，让教师、学生和员工广泛参与。高等院校应努力向各级政府争取资助，鼓励学生参加各种类型的校际交流项目，开拓学生的视野。高等院校应合理规范双方的合作关系，合作双方要基于平等互利原则，优势互补，取长补短。高等院校应避免签署"僵尸"协议，通过有效的协议保障双方的真正合作伙伴关系。同时，高等院校也要对合作的风险有清醒的预判能力和预防措施，努力实现双方合作的可持续发展。

5.1.2.4　不断提升教师的国际化水平

高等教育国际化发展的关键在于教师，先有教师的国际化然后才有学生的国际化。高等院校应该打造具有奉献精神和职业能力的教师队伍；应该通过资金和其他激励手段，引导教师树立国际化的意识并主动承担责任，奖励教师的卓越努力和成效有助于提高教师参与国际化行动的动力。高等院校应该鼓励教师的双向交流，通过教师的互换，扩展合作的领域，扩大潜在的教育和研究合作范围。高等院校应该选派优秀教师出国参会或进行学术交流，提升教师队伍国际化水平。高等院校应该鼓励教师通过学术合作关系搭建学校间合作的桥梁，引导教师在学校国际化机构兼职。高等院校应该引进有国际影响力的创新团队和学科带头人，提升学校的科研实力。高等院校应该鼓励合作高校的优秀教师开展短期授课，提升学校的国际化课程质量。高等院校应该鼓励条件合适的教师参与相关国际化的行政工作实践，有针对性地实施国际化的项目和计划，解决学校国际化发展中遇到的实际难题。

5.1.2.5　努力提高学生的国际化水平

对于本国学生来说，高等院校应拓展与国际教育组织、国外高校、科研机构和企业的合作，可以根据本校的发展需要加入国外学术战略联盟，签署具体的协议规定联合培养的目标、培养的方式等，尝试建立全球教育合作的共同体，定期选派学生参加国际联合培养项目。高等院校应视学生的成长为教育的出发点和归宿。

教师和管理人员需要同时关注本国学生和留学生两个群体。来华留学生是全面国际化的重要推动力量，他们可以将全球视野带入校园生活和课堂中来。在全球竞争日益激烈的高等教育领域，高等院校需要展示学校的定位，凝练学校的特色。同时，高等院校应该逐步提高来华留学生比例，完善招收来华留学生的策略，吸引对学校具有文化认同感的来华留学生，配备适合来华留学生的专业，投入合适的资金确保来华留学生实现来华学习的目标。高等院校应开设创新型课程，增设国际交流项目，加强国际交流活动，使本国学生和来华留学生能够相互交流。

在后疫情时代，我国应该采取创新的思维，通过线上授课的方式创造良好的国内学习环境，引进国外优质教育资源，鼓励拟出国（境）学生在本校选择在线课程。对于参加中外合作办学机构或项目的学生，合作双方可以沟通协商，采取校园本地化的形式完成课程，并顺利完成学业。

5.2 英国高等教育国际化的策略和启示

英国高等教育是双向开放和系统实施国际化战略的典型案例。英国大学联盟国际部门主管薇薇安·斯特恩（Vivienne Stern）在《2019 年英国国际化发展报告》中说，英国高等教育是一个在世界范围内成功并领先的行业，这是因为英国学校在教学质量、多元化、影响力及国际化方面均在全球享有盛誉。这一行业在现阶段最重要的是做它最擅长的事情——向世界敞开大门，并在国际化方面进行创新。

5.2.1 英国高等教育国际化的策略

5.2.1.1 政府积极引导支持本国高等教育的国际化发展

在英国高等教育国际化发展的进程中，英国政府一直扮演着支持者和助推器的角色，坚定不移地推动英国高等教育走向全球化。1963 年，英国政府发布了《罗宾斯高等教育报告》；1987 年，英国政府颁布了《高等教育——应对新的挑战》白皮书；1991 年，英国政府颁布了《高等教育框架》白皮书。此外，英国政府在 1992 年颁布实施了《高等教育法》、1997 年发布了《迪尔英报告》、2003 年发布了《高等教育的未来》白皮书、2004 年出台了《2004 年高等教育法》、2010 年发布了《布朗尼报告》。通过上面一系列事关高等教育发展的白皮书、报告和法案，我们可以看到英国政府始终高度重视本国高等教育国际化的发展，努力将本国的高等教育国际化发展纳入其政策体系，出台了一系列政策确保和助推英国的高等教育走向世界。

同时，英国政府还采取了许多措施支持国际化的发展，比如迎着全球化的浪潮，通过国际组织和地区组织搭建的平台，积极与世界各国开展教育合作，与世界建立教育市场的互动，进行双向的交流、学习与合作。政府搭建平台，借助文化交流，积极向全球宣传英国的高等教育，推荐英国的知名高校，大量吸收国际学生与国际人才；大力助推高等教育的科技创新，支持高等教育的技术改革，凭借先进的科技手段，输出英国高等教育的理念与教育资源。此外，英国还深层次地参与了欧洲地区教育一体化的进程，积极参加欧盟博洛尼亚进程和伊拉斯谟世界计划。在这些项目和计划中，英国政府借助欧洲教育一体化的东风，积极实践欧洲有关推进高等教育国际化的相关政策，提升高等教育的水平，广泛地接纳世界各地来英国求学的学生，加强国际教育机构的合作，提高整个欧洲高等教育的国际辨识度和认可程度。英国政府制定了众多的优惠和扶持政策，特别是广泛占据全球教育市场，以确保英国高校在全球竞争中脱颖而出，以此提高英国高等教育的知名度和国际竞争力。

5.2.1.2 高度重视品牌建设，构建高校联盟

英国高等教育国际化进程中的重要策略之一就是高度重视对英国高等教育品牌的打造，具体而言，英国品牌计划包含广告宣传、留学生的奖学金项目等。1999 年的"首相倡议计划"和 2006 年的"国际教育首相倡议计划"是英国教育品牌的典型政策。

以 1999 年的"首相倡议计划"为例，塑造和宣传英国的教育品牌是其核心。撒切尔夫人执政时期，英国政府进行了广泛的社会调研和国际比较，在综合考量英国高等教育国际化的比较优势之后，整合了原有的教育资源，形成了系统性发展英国高等教育品牌的计划。在国际市场上，美国和澳大利亚等国家的高等教育与英国的高等教育竞争激烈，尤其是美国带来的竞争压力最大。之前，英国高等教育的品牌形象较差，所以英国政府开始重塑和推广本国高等教育的品牌，努力改变其保守的刻板印象，通过整合教育资源，突出英国高等教育鲜明的品牌特色，以便在对外竞争的过程中形成合力优势，使得品牌形象在国际市场中更加凸显。2006 年的"国际教育首相倡议计划"在"首相倡议计划"的基础上进一步更新了品牌形象，注重开拓多元化的国际市场，涉及范围更广。其中，优先关注的国际市场涉及 22 个国家和地区，同时加大对重点市场国家和地区的开拓宣传，如中国、印度等，减少对竞争激烈地区的过分依赖，在国际多元化市场中提高英国高等教育品牌的国际竞争力。英国政府将

"国际教育首相倡议计划"看作是英国高等教育国际化发展战略一个更长的道路的开始,将国际化战略发展的方向定位于更全方位的国际议程。

上文谈到的英国政府的"首相倡议计划"和"国际教育首相倡议计划"是国家间竞争的宣传与保护机制,而在国际高等教育市场中,对高等教育品牌的传播和推广具有更加直接的品牌价值的往往是高校联盟。高校联盟,即大学联盟,是若干有着共同利益诉求并且围绕共同的战略目标的高校,通过所在联盟规则约束而建立的大学联合体。全球知名的国家级高校联盟品牌已经成为世界一流大学的代名词,如美国常春藤联盟、加拿大 U15 研究型大学联盟、英国罗素大学集团、巴黎高科技工程师学校集团、德国精英大学和 TU9、澳大利亚八校集团、日本学术研究恳谈会和八大学工学系联合会等。20 世纪 90 年代以来,英国高等教育院校联盟开始组建和发展,并形成与高等教育机构相结合的自治模式。

罗素大学集团(Russell Group,RG)是英国最具代表意义的高校联盟品牌,于 1994 年创立。作为英国声望最高的高校联盟组织,罗素大学集团将全英国最顶尖的大学联合起来,聚集了世界范围内大量优秀师资队伍及优质科研队伍。英国罗素大学集团 24 所院校占英国高等教育机构的 10%,每年获得全英高校 65% 以上的经费。罗素大学集团基于高校联盟自治的形式,通过其所属高校的办学自主权、经费支配权、学生录取权、课程设置权、学位授予权等的管理与支配,在国家与各大学之间形成了一个大学联合团体。凭借其国际知名的声望和强大的教育科研能力,罗素大学集团已经成为英国高等教育国际化的重要品牌。

5.2.1.3 大力吸引国际学生

英国推进高等教育国际化发展进程中的又一重要举措是适时出台相应的配套政策,大量吸引世界各地的优秀人才,广泛招收国际学生。

英国高校专门成立英国国际学生事务委员会,英国各个高校都是国际事务委员会的一员。国际学生事务委员会配合各自学校的国际事务办公室共同制定和处理国际学生的教育事宜。这些高校借助英国各种对外文化交流活动的机遇,积极宣传英国高等教育的历史底蕴和比较优势。同时,为了更好地吸引国际学生,英国高校在世界各地设立有关留学咨询服务的分支机构,为世界各地希望了解英国高等教育教学设置、教育服务等相关信息的人们提供便利。

对于已经就读于英国高校的国际学生,英国政府和高校积极为在英的国际学生提供便利的公共服务,让在英国际学生切实感受到英国高等教育的优质服务与人文关怀,同时更加真实、立体地树立起了英国高等教育国际化的良好形象。比如，提供公共交通补助，推出对国际学生开放的国际学生卡，使国际学生可以享受公共交通和公共文化场所的优惠和便利；为在英留学 6 个月以上的国际学生提供部分或全部除了急诊以外的免费医务保障等。针对国际学生，英国政府、英国高校基金委员会以及世界各地的金融企业和个人也都为其提供了奖学金，给予丰富的奖助金额以及很多的工作与实习机会。在英国高校的奖学金体系中，"海外留学生奖励计划"是其中影响较大的一项，其目的是鼓励国际学生的学习，确保国际学生的正常生活。

为了广泛吸纳国际学生，英国政府配备了相应的移民政策。随着英国高等教育国际化进程的深入推进，英国国际学生人数大幅增加。为了给来英国际学生提供便利，英国政府不断简化留学政策，简化来英签证、移民手续，拓宽签证、移民途径。比如，2014 年，英国修改移民法并正式实施。2018 年，《英国未来的技术移民体系》研究报告指出，关于国际学生的部分，英国计划改变现状，给予所有已完成学位的本科生和研究生 6 个月的时间来安排实习和工作。

5.2.1.4 积极开展全球范围内的教育合作

英国高校通过深入开展海外合作项目的方式，形成了层次化的分布格局与多元化的国际合作形式。在英国高等教育国际化发展的进程中，积极开展以市场为导向的海外合作项目，大力推广英国高等教育品牌的重要项目。开发海外商业关系，设立海外分校进行跨国办学，建立联合科研项目等，构建起了英国高等教育的全球范围内的教育合作网络体系。2000 年，诺丁汉大学在马来西亚成立了马来西亚分校、2005 年成立了吉隆坡的士毛月（Semenyih）校区；2005 年，诺丁汉大学与浙江万里学院共同创建了更大规模的宁波诺丁汉大学；英国密德萨斯大学也广泛地实施海外分校战略，在毛里求斯和迪拜设立了分校。在境外与他国大学联合培养大学生是英国高校跨国办学的另一种模式，其授课方式灵活，可分为在境外实施教学的全过程和分学年在英国完成两种。此外，英国还实施联合授予学位和双学位、短期留学等多种形式的跨国办学。比如，牛津大学与北京大学建立了包括跨学科培养以及联合科研项目等领域的广泛合作关系。

需要提出的是，欧盟曾经对英国高等教育国际化的发展给予了大力的支持，英国也长期积极参与到欧洲教育一体化进程之中。20 世纪 80 年代，欧洲订立了关于欧洲地区国家互相承认高等教育学历与学位的公约，英国便是其中一员。1999 年，英国积极参与欧洲教育国际化新战略——博洛尼亚进程与伊拉斯谟项目。在欧洲地区，英国借助欧盟搭建的舞台，借助欧洲高等学分相互承认和转换的政策，成立综合性的研究型国际教育基地，在合作、交流和创新中打开了欧洲的国际教育市场。2016 年，英国"公投脱欧"后，英国政府立即推出了新的《高等教育和研究法案》，法案就英国脱欧后英国高等教育走向世界的问题作出了明确规定，尤其强调要打开世界教育市场，特别是新兴国家的教育市场。事实上，英国高等教育在国际化发展的进程中，不仅仅关注欧洲市场，还将视野拓宽到全球，特别重视与美洲、亚洲等地区的国家进行学术和文化的合作交流，也发布了一系列针对这些地区的国家的学生留学英国的优惠政策，设置海外分校与研究分支机构。目前，高等院校全球范围内的教育合作已成为英国高等教育国际化发展的重要举措，此举为英国高等教育走向世界打开了局面。

5.2.1.5　高度重视高等教育的质量

英国高等教育历史悠久，为保证英国高等教育在国际化发展的进程中始终占据领先位置，英国高等教育主管部门和高校都十分重视高等教育的质量，主要体现在专业设置和课程设置上。

（1）高度重视专业的设置。

英国高校的国际学生选择专业前几名为：商业及行政研究、工程和技术、社会研究、艺术设计等，所以英国高校设置了相应的专业。同时，英国高校注意增加与国际社会密切相关的专业，如国际政治、国际安全、国际关系、国际经济、国际金融与贸易等，从而在人才培养上紧跟时代的步伐。

（2）高度重视课程的设置。

早在中世纪，英国的剑桥大学、牛津大学就根据当时的社会需要，设置了大学的基本课程，主要包括语法、逻辑学、修辞学、神学、法学、医学、算术、几何、音乐、天文学等。而英国高等教育中的这类课程也历经了几百年的发展，成为当今世界这些学科的前沿阵地。17—18 世纪，随着自然科学的发展，数学、天文学、解剖学、化学、植物学、地质学等也相继进入了英国高等教育课程体系。19 世纪，英国的高等教育课程体系进一步得到了完善，形成了包括自然科学、社会科学在内的相对完整的课程体系。20 世纪，随着国际学生人数的增多以及留学需求与层次的提高，英国高等教育开始设置大量的研究型课程，开展实验类课程。20 世纪 90 年代，英国许多高校的国际化课程大幅增加。英国政府专门对英国高等教育中研究生课程的设置如课程内容、课程时长等方面作出了详细的规定，并明确提出英国高校要拓宽国际课程的门类。相关数据显示，英国高校目前已开设了一万多门课程。

（3）高度重视对高等教育的质量评估。

英国高等教育事务委员会不仅关注英国高校课程设置的种类与数量，还高度重视高等教育课程的质量，尤为重视英国高等教育国际化的质量。为保证高等教育的质量，英国政府专门成立了高等教育质量保障局，严格把关英国所有高校课程的质量与水平。同时，英国高校也高度重视学科评审、教学质量、学历认定等工作，将维护课程质量作为高校的立身之本。英国高等教育质量保障局专门维护英国高校的学术水平与质量，监督各高校的高等教育质量，定时作出评价，及时给予政策指导，尤其是对英国高等教育的国际性、全球性教育进行指导和监督，严格把关英国海外高等教育分支和相关机构的教学与研究质量，以保证英国高等教育在全球化进程中始终能够高质量地发展。

5.2.2　英国高等教育国际化对我国的启示

5.2.2.1　需要政府努力地推动高等教育国际化

纵观英国高等教育的国际化发展进程，实施"首相倡议计划"和"国际教育首相倡议计划"是其高等教育国际化的重要经验。"首相倡议计划"和"国际教育首相倡议计划"等战略规划兼顾了国家与高校、国内与海外多个层面的国际化举措。作为社会主义国家，统筹协调各方关系以及"集中力量办大事"是我国的制度优势之一。2017 年 9 月，教育部、财政部、国家发展和改革委员会联合发布了《关于公布世界一流大学和一流学科建设高校及建设学科名单的通知》，正式公布"双一流"院校名单。以马克思主义为指导，加强党对高校的领导，坚持社会主义办学方向，坚持中国特色、世界一流，坚持内涵建设，采取有力措施，支持推动建设高校及建设学科加快发展，取得更大建设成效。习近平总书记在党的十九大报告中指出，要加快一流大学和一流学科建设。"双一流"建设吸取了"985"工程和"211"工程的经验教训，采用动态监测的方式，有利于综合提升我国高等教育实力。我国可以借鉴英国剑桥大学的经验，在国际化定位、国际化机构设置、国际化人员构成、国际化教学与研究内容等方面不断努力。我国可以借鉴英国的国际化战略，进一步完善我国的高等教育国际化政策，立足我国的高等教育比较优势，构建衔接国内教育制度与国际教育制度的体系。

5.2.2.2　努力塑造我国高等教育的品牌

自 1999 年"首相倡议计划"实施以来，打造英国高等教育品牌就是英国高等教育国际化战略的核心措施。英国政府通过奖学金、联合科研以及国际学生荣誉及比赛等项目，扩大海外宣传以推广本国高等教育品牌。目前，我国高等教育品牌的海外形象不够凸显，应当综合调研我国高等教育在国际市场的比较优势与比较劣势，加大在海外的推广力度，彰显我国高等教育的优势，塑造并推广中国特色的高等教育品牌。

打造顶尖大学联盟也是快速提升我国高等教育品牌知名度的有效路径之一。我国当前也有一些高校联盟，如"C9 联盟""卓越大学联盟"，虽然相比英国罗素大学集团等国际知名高校联盟还有一定的差距，但也意味着我国的高校联盟的合作广度和深度上还有进一步提升的空间。相比之下，我国高校数量众多，需要国家层面的政策协调，并进行教育资源的整合，进一步突出我国的高校联盟品牌，力争在国际教育市场出现越来越多的中国高等教育品牌。

5.2.2.3 不断提高我国高等教育的质量

国际化的发展要以教育质量和人才培养的进步为目标，国际化只是高等教育发展的手段，而不是目的。想要形成从吸引国际学生国际合作到国际化提升高校实力的良性循环，就需要建立完善的质量保障机制。在国际化进程中，英国高等教育面对大量国际学生和国际合作，建立了完善的质量保证机制，多主体监督保证了英国高等教育的质量。当前，我国有一些高校为了弥补自身吸引力的不足，降低国际学生的准入门槛，造成了一定的国际生源和国际课程质量的下降。我国可以学习英国的国际化经验，建立从国际学生招生到课程质量监督的一整套完善的国际化质量保障机制，只有这样，才能形成我国高等教育发展的良性循环。

5.2.2.4 实施区域差异化发展政策

英国高等教育的发展，离不开其地缘政治和国际关系，欧洲一体化为英国高等教育国际化的发展提供了良好的外部条件。从地缘政治的角度来看，英联邦地区是英国软实力的优势地区，英国高校在这些国家和地区的学生群体中具有更高的优先级。从国际关系的角度来看，欧洲一体化的深入合作使得英国高校在学历互认等方面更加便利。尽管"英国脱欧"对其高等教育的国际化会产生深刻的影响，但因为其深厚的底蕴，英国的高等教育仍具有很大的吸引力。

同样，我国高等教育的发展，也受到地缘政治和国际关系影响。从地缘政治的角度来看，中国是一个历史悠久的大国，在不同地缘政治板块所具有的吸引力也不同。在东亚和东南亚等传统儒家文化地区，我国可以通过强化区域合作来提升我国高校的吸引力。从国际关系的角度来看，随着国际贸易保护主义的抬头，逆全球化势力给国际合作带来许多的风险，在这一背景下，我国高等教育的国际化不可避免地被打上了政治的烙印。比如，孔子学院的遭遇就提醒我们要注意国际政治给我国高等教育带来的风险。所以，我国高等教育国际化的发展就不能单纯追求经济和文化层面的合作交流，不能忽视国际政治层面的风险，而应当综合考量国际关系，可以结合地缘政治和国际关系的差异，制定差异化、多元化、层次化的区域国际化政策。"一带一路"倡议的深入实施增强了我国的吸引力，我国高校也可以综合考量政治效应和地区风险，有重点地开展国际化合作项目。

5.3 日本高等教育国际化的策略和启示

长期以来，日本一直高度重视高等教育国际化的发展，致力于塑造良好的大学品牌和形象，致力于提升本国高等教育的国际地位和话语权。2018 年 11 月，日本中央教育审议会以答复报告的形式发布了《面向 2040 高等教育总体规划报告》，引起日本各界的广泛关注，这是继"30 万留学生计划""全球顶尖大学计划"等重要政策之后，日本另一个具有战略意义的中长期高等教育发展的新规划。

5.3.1 日本高等教育国际化的策略

5.3.1.1 日本各高校有效地制定国际化发展新战略规划

新的教育规划报告再度重申了日本高校自主管理的基本制度，强调尊重大学作为独立法人的自我管理。日本各高校在做好原有项目的基础上，也连续制定了新的国际化发展战略规划。比如，2019 年，日本广岛大学发布了《广岛大学国际战略 2022》，提出"教育、研究、国际与社会贡献以及国际化体系建设"等四大基本目标架构，支持本国学生赴海外留学，积极扩大招收国际学生，与产业界联动开展国际科研项目的合作并加快研究成果的转化，参与竞争性的国际化项目以获取经费支持，融入国际质量评价和认证体系等系统措施，营造可持续发展的国际化校园，树立"和平"大学的品牌和国际形象。

5.3.1.2 注重加强学生的双向国际流动

（1）大力吸引国际学生。

在新政策的支持下，日本高校加大了招收国际学生的力度，采取了许多措施，比如丰富学校网站的多语种招生信息、举办海外留学展览、开展短期游学体验、宣传日本高校优质的教育资源和良好的生活环境等。同时，政府所属的独立行政法人机构，如日本学生支援机构等，与各高校及民间组织合作，为国际学生提供企业招聘、校外租房等重要信息，为符合申请条件的自费国际学生提供一定数量的奖学金，帮助国际学生顺利融入日本社会。

（2）注重本国学生的海外学习。

在扩大招收国际学生的同时，日本高校也非常重视送本国的学生赴外国学习。比如，2020年，千叶大学开始实施"国际化大学引擎计划"，提出"全员留学"的倡议，把鼓励学生赴国外交流学习作为拓宽学生视野、培养国际化人才的重要途径，并将其纳入学校的课程体系。目前，千叶大学的学生可以选择30多个海外学习项目，其中最短的是为期10天的海外大学的学习体验。日本许多高校为学生提供一定的经费，并且聘用专职教师管理海外留学项目，在为学生提供学业指导的同时，注重提高学生的外语交流能力。

5.3.1.3 打造特色鲜明的国际化课程体系

日本的各类大学均有自主设置课程的权利，课程和学位名称具有较强的本土化特征。所以，日本新的教育规划报告特别强调"国际化通用课程"建设的必要性和重要性。比如，东京工业大学根据学校发展的需要，调整了原有的院系结构，整合了本科和硕士的课程，为学生申请博士学位拓宽了可选择的专业方向。东京工业大学作为世界知名的工科院校，专门设立了文理研究教育学院，面向全校学生提供数量众多的人文社科类通识课程，培养文理兼修的国际化人才。又如，筑波大学设立了国际问题研究专业，该专业提供社会工学、环境科学、地球科学、体育健康等课程，旨在从人类社会与自然共生的视角，培养学生全面解决问题的能力，并且全部采用英文授课。千叶大学进一步对"国际日本学"的课程体系进行了优化，面向全校学生开设比较文化、国际事务、外国语、世界中的日本等多元化的课程，突出培养国际化人才的办学特色。总之，日本的许多高校打通学科壁垒，设置新的学科专业和联合培养项目，通过完善课程设置，强化外语教学等举措，努力打造特色鲜明的国际化课程体系。

5.3.1.4 构建高水平的国际合作平台

日本高校积极建立与海外大学的合作关系，形成了立体化的国际合作平台。以东京大学为代表的一批高水平大学在海外拥有常驻机构，比如在中国、美国、俄罗斯、印度等国家独立或合作开设办事处，为开展国际交流与合作提供平台。2019年，东京工业大学在德国著名的亚琛工业大学新设了办事处，其主要事务包括：宣传本校的教学科研优势，推荐优秀研究人员赴日工作，吸引优秀国际学生赴日学习，收集海外研究动态信息，强化校际合作科研项目的沟通，积极促进跨国研究平台与当地企业的成果转化等。立命馆太平洋大学与74个国家和地区的469所大学缔结了友好合作协议，与其中51个国家的155所大学开展了学分互认留学项目，与美国、奥地利等国家的4所高水平大学建立了双学位合作办学项目，从而在全球范围内构建起了国际合作的平台。

日本在《面向 2040 高等教育总体规划报告》中提出新的中长期高等教育发展设想，体现了日本高等教育国际化政策指向的高度持续性和稳定性。日本政府对高校国际化的实施情况进行评估，从而引导大学的发展方向。日本高校则紧跟政府的政策导向，认真研究世界顶尖大学的评价体系，不断强化大学内部的结构性调整，设定合理的国际化发展目标。日本高校在与欧美国家大学的合作中，注重学习和引进先进经验，重点瞄准国际前沿领域的科技创新。在与发展中国家的合作中，日本高校努力扩大国际学生的规模，既能够增加办学收入，又能够留住高水平的人才。日本高校积极发挥主动性和创造性，突出跨国界、跨校园、跨学科的发展模式，积极在全球化竞争中树立学校的特色和品牌。在高校国际化发展中，日本既关注高校的排名指标、努力提高国际声誉，又全面促进高校的内涵发展，从高校的国际化目标、国际化人才培养、国际化课程设置和国际化网络构建等方面入手，统筹协调、厘清思路，取得了良好的效果。

5.3.2 日本高等教育国际化对我国的启示

5.3.2.1 政府指导支持和高校发力并举

习近平总书记提出构建"人类命运共同体"的理念，为促进世界和平与繁荣指明了方向。习近平总书记在 2018 年的全国教育大会上指出，"要扩大教育开放，同世界一流资源开展高水平合作办学"，支持加快推进教育现代化、积极吸收引进国际高等教育先进经验。我国高等教育在国际化发展的过程中，可以参考日本的一些具体措施和方法，比如，在高等教育国际化发展的宏观政策上，政府应给予方向性指导和必要的资金投入，可针对国家建设的需要和不同高校的特点，分阶段制定高等教育国际化发展的具体步骤；应充分调动各高校的积极性和主动性，促使不同类型的高校根据学校的实际情况，制定符合自身需要的国际化发展目标和相应的路径，强化高校的顶层设计。抓住机遇，围绕"一带一路"倡议，统筹协调国际"产学研"合作，以构建"人类命运共同体"的理念引领高等教育国际化进程，开展前沿领域高水平的国际教育交流合作。

5.3.2.2 全方位提升高等教育的质量

在努力建设世界一流大学一流学科的背景下，我国高等教育国际化发展的必由之路是进一步提高教育质量、提升创新能力和不断追求卓越。日本的成功经验在于引导高校以推进国际化进程为契机，根据学生多样化的需求，构建国际化的优质课程体系，全方位提高教育质量。我国高校可以从破除学科壁垒和行政壁垒入手，摒弃以往的学科和院系单打独斗的惯性思维和做法，大力推动交叉学科之间的协同创新，开发优质丰富的国际化课程，构建国际化的课程体系。同时，我国高校应积极参与国际质量的认证，加大教育信息公开的力度，积极引进优秀的外籍教师，适当扩大外语授课的规模，将优质海外教育资源"为我所用"，培养具有国际视野、文理兼通的拔尖创新人才，真正落实"以学生为本"的教育理念。

5.3.2.3 大力开展师生的国际合作与交流

在促进师生的国际交流方面，日本高校积累了比较成熟的经验，政府、高校和民间组织之间也达成了高度的共识，其思路与方法值得我们借鉴。疫情暴发之前，我国许多高校的国际学生招生规模大幅增长，努力在提高教学质量、促进中外学生趋同化管理方面做出了许多探索。我国国际学生教育发展的努力方向是设置完善的人才培养方案和相应的课程体系，打造优秀的师资队伍，以高质量的教学和服务吸引稳定的、高素质的自费国际学生，构建系统且完善的国际学生教育管理体系。对于我国师生的海外交流，需要为学生提供便利的海内外学分转换机制，需要增强海外学习项目与本校教学科研的融合程度，鼓励教师与各国同行开展高水平的研究合作，建立长期稳定的海外科研合作基地。有序开展学校师生的国际交流，有助于高校在海外构建交流合作的平台。同时，在做好思想政治教育的基础上，让学生充分了解中华优秀传统文化和世界先进文化，让学生充分了解不同的思维方式和历史文化，具备与各国青年在世界舞台上竞争的能力，从而最终能够承担起我国教育现代化发展的责任与使命。

6 "一带一路"倡议下
我国西部地区高等教育
国际化的发展路径

根据我国西部地区高等教育国际化面临的机遇、现状和存在的主要问题，结合美国、英国和日本高等教育国际化进程中采取的策略，本书提出"一带一路"倡议背景下我国西部地区高等教育国际化的发展路径。

6.1 转变高等教育国际化发展理念，"引进来"
与"走出去"双向发展

"一带一路"倡议下，我国在多个领域的国际化发展取得了显著的成效。我国西部地区高等教育也应抓住历史机遇，主动承担起高等教育国际化的历史使命。但是，因为受到西方发达国家的影响，我国国际化发展模式长期以来在学习西方发达国家的做法，高等教育国际化的标准设定以及运作机制等也在西方发达国家的主导和操控之下。这种以西方发达国家为中心的国际化发展模式忽视教育的多元性和民族性，不利于我国高等教育的本土化发展，容易丧失我国高等教育的特色，损害我国高等教育发展权，从而制约我国高等教育的国际化发展。所以，转变高等教育国际化发展理念，突破传统的西化模式，对于实现我国高等教育国际化具有重要的作用。

我国西部地区的高等院校需要转变高等教育国际化发展的观念，从以前单向重视"引进来"，转向"引进来"与"走出去"并重。一方面，我国西部地区高等院校需要继续引进西方发达国家的优质教育资源，借鉴其先进的发展理念、发展模式，从而提高我国西部地区高等院校的国际化办学水平。另一方面，我国西部地区高等院校应紧跟时代发展的步伐，积极与"一带一路"沿线国家进行教育的交流与合作，增加"一带一路"建设重要的教育内容，积极开展教育的互联互通，鼓励我国西部地区人才走出去，增进互信，最终增强我国西部地区高等教育国际化的自信心，为西部地区高等教育国际化不断注入生机与活力，提高西部地区高等教育的综合竞争力，实现我国西部地区高等教育"引进来"与"走出去"并重的双向发展模式，从而推动西部地区高等教育国际化的可持续发展。

6.2 积极打造高校联盟，成立"一带一路"国家智库

6.2.1 积极打造高校联盟

我国西部地区与"一带一路"沿线国家应依托各自高校现有的优势教育资源，在坚持开放共享、互利共赢的原则下，加强"一带一路"沿线国家各高校之间的开放合作，推进高校联盟的发展。此外，我国西部地区高校联盟之间应聚焦环境科学、生态学、风沙力学、草学等专业，着力解决"一带一路"沿线国家面临的生态环境脆弱、水资源短缺等严峻的问题，使高校联盟间的人才培养和科学研究更好地服务于"一带一路"沿线国家经济的发展。2015 年，中国兰州大学、俄罗斯乌拉尔国立经济大学等 47 所中外高校在甘肃敦煌成立了"一带一路"高校战略联盟。利用这一平台，各高校充分发挥自身优势，积极致力于"一带一路"沿线高校联盟国家防风治沙、水土流失、还林还草、天然林保护、节水抗旱及农牧业发展等，为各地的生态文明建设建言献策。

6.2.2 成立"一带一路"国家智库

从破解社会急需解决的问题出发，统筹校内现有优质教育资源和科研机构的力量，重点建设国家急需、制度创新、引领发展、特色鲜明的专业化高端智库，努力打造研究丝绸之路经济带的国家级核心智库，为促进国家战略的实施和区域的共同繁荣提供智力支持。充分发挥智库平等外交、方法创新、资政建言、社会服务等重要功能，更好地推动"一带一路"沿线国家和高校在教育、科技、文化等领域的全面交流与合作。与此同时，立足区域经济社会，依据地缘优势和各方所求来建言献策，提高智库服务"一带一路"沿线国家的能力。

6.3 建立"一带一路"研究区，促进区域内人才流动

我国西部地区可以积极推动建立"一带一路"研究区。有的学者借鉴了欧洲研究区的经验，从理论上论证了建立"一带一路"研究区的重要意义及其可能性，得出"一带一路"研究区的建立具备良好的现实基础。我国应建立完善的多元引才的制度机制，促进西部地区与"一带一路"沿线国家的学术人才双向流动，实现区域内人才流动的闭环。此外，中外合作办学为"不出国留学"提供了途径，其中一项评估中外合作办学质量的重要标准，就是看是否选派足够数量的合作大学的外籍教师到中外合作办学机构/项目任教，并且要求外籍教师授课的门数和学时数达到总门数和总课时数的 1/3 及以上。建立"一带一路"研究区，能够促进"一带一路"沿线国家区域内人才的流动，有利于实现上述对中外合作办学机构/项目的预期目标。

6.4 增加对"一带一路"沿线国家学生的吸引力

国际人才的流动分为人才的流出和人才的流入。我国西部地区应采取一些措施吸引"一带一路"沿线国家的学生来华留学（国际人才的流入）。目前我国西部地区经济相对落后，比较缺乏优质的教育资源，许多高等院校的办学层次较低等，这是阻碍西部地区吸引"一带一路"沿线国家学生的不利因素。但是，我国西部地区高校也有吸引"一带一路"沿线国家学生的有利因素，比如西部各省（区、市）和高校设立了"一带一路"专项奖学金，教育部先后与甘肃（2016 年）、宁夏（2016 年）、贵州（2016 年）、云南（2016 年）、新疆（2016 年）、广西（2016 年）、内蒙古（2017 年）、陕西（2017 年）、青海（2017 年）和重庆（2019 年）10 个西部地区省（区、市）签署了合作备忘录，与 30 个"一带一路"沿线国家签订了学历学位互认协议等。所以，西部地区高等院校应继续加大对"一带一路"沿线国家学生的资助力度，引进优质的教育资源，提升办学水平与层次，反哺西部地区经济建设等举措，以吸引更多"一带一路"沿线国家的学生。虽然目前疫情的影响还在，但是全球的疫情防控会取得最终的胜利，那时西部地区就应抓住机遇，抓紧实施这些举措，以达到更多吸引"一带一路"沿线国家学生的目的。

6.5 建立动态的"一带一路"沿线国家大学及其学科的排行榜

"一带一路"沿线各国的高等教育交流与合作在不断加强与深化，前文提到过，目前主流世界大学及学科排行榜只包括少数"一带一路"沿线国家的高校，"一带一路"沿线国家大部分高校的办学质量还缺乏合适的评价标准。大学排名以其特有的方式证明了大学的办学质量和水平，能为利益相关者提供参考和借鉴。以"一带一路"沿线国家大学及学科排行榜为例，我国政府可以参考国际学生就读的本国大学的排名，从而确定"一带一路"专项奖学金的发放标准，以充分发挥奖学金筛选优质生源的作用。涉及中外合作办学的双方可以根据排名选择合作的院校，有助于实现强强联合。此外，大学及学科排名还可以为国际学生提供客观、准确的大学及其学科方面的参考信息，有助于降低学生的择校风险。

6.6 打造良好的国际化办学环境

良好的办学环境是我国西部地区高等教育实现国际化的有力保证。西部地区的高等教育想要打造国际化办学环境，需要在以下几个方面发力。

6.6.1 加大师资队伍的国际化建设

我国西部地区高等院校在引进优质外籍教师的同时，还要加强对本地师资队伍的国际化建设。我国西部地区高等院校应加大对教师境外交流学习的支持力度，为教师的国际化培训创造条件，培养教师的国际化视野和能力，为实现国际化的教学环境提供人才保证。我国西部地区高等院校应定期与"一带一路"沿线国家互派访问学者，派遣青年学术骨干或管理骨干出国研修，开展国际间教师学术交流活动，参加国际性的科研项目等。

6.6.2 建立完善的高等教育国际化制度

完善的制度建设是我国西部地区高等教育实现国际化的重要保证，主要包括以下几个方面：第一，建立严格的国际化质量保障机制。高等教育国际化发展的核心竞争力在于保证教学的高质量，这不仅要求我国西部地区的高等院校动员全校师生，发挥多方力量，积极推进本校教学质量的提升，而且要建立相应的国际化监督评估部门，形成全校师生参与、全社会监督的国际化办学氛围，保障国际化人才的培养质量。第二，建立健全国际学生的社会服务保障制度。健全国际学生的医疗保险服务体系，出台鼓励国际学生就业创业相关政策，与"一带一路"沿线国家签订学历互认制度，消除国际学生的后顾之忧。第三，加大对国际学生的财政支持力度，发挥政府、高校、社会等多方力量。比如增设专项基金，政府奖学金名额向"一带一路"沿线国家适度倾斜，从而为我国西部地区与"一带一路"沿线国家人才的双向流动提供资金支持。

6.6.3　多方筹集教育经费

教育经费投入不足是制约我国西部地区高等教育国际化发展的最重要的因素之一。财政部于 2013 年印发了《中西部高等教育振兴计划（2012—2020年）》，先后实施了"中西部高校基础能力建设工程""中西部高校综合实力提升工程"等一系列旨在促进中西部地区高等院校发展的扶持项目。但是仅仅依靠国家财政扶持远不能满足西部地区高等院校的发展需求，西部地区高等院校必须改变"等靠要"的思想，不能把眼光只放在政府层面上，还应该鼓励非政府性投入，拓宽教育融资的渠道。扩大西部地区高等院校与社会各行各业的合作，出台积极的鼓励性政策或开展商业性活动来吸引社会捐赠，积极鼓励校友捐赠，增强资金筹措和统筹能力，最终实现我国西部地区高等教育国际化教育经费来源的多元化。

6.6.4　加大高校的宣传力度

借助"一带一路"倡议机遇下的政府推力，我国西部地区应加强与"一带一路"沿线国家在政治、经济、教育、文化等领域交流合作，发挥西部地区的地缘优势，创新宣传的方法，加大宣传的力度。我国西部地区可以利用各种社交软件，维护海外校友资源，加强海外校友宣传力度，提高宣传的有效性；通过建立西部地区高校的中英文官网，或利用新华社、人民日报、中国广播电视总台、中国网、光明网、腾讯网等媒体，加大宣传力度。此外，我国西部地区也可以通过与"一带一路"沿线国家进行贸易往来或国际学生互换等活动，加强海外招生的宣传工作，实现国际化人才的双向互动，提高我国西部地区高等院校在国际化发展进程中的知名度和影响力。

6.7 培养国家急需的人才

"一带一路"倡议下，国家急需一批具有国际化视野，国际化业务能力突出，熟悉"一带一路"沿线国家政治制度、经济发展、社会传统和风土人情，服务于"一带一路"建设的复合型人才，这就要求我国西部地区高等院校加快培养"非通用语+技能"的急需领域的专业人才。我国西部地区高等院校在人才培养方面，应立足自身办学特色和学科优势，加强本土意识，努力将"一带一路"沿线各国的风土人情、历史文化、宗教信仰等知识与本国高等教育的课程进行深度融合，培养一批具有国际视野、精通周边国家语言的优秀人才，最终实现在立足本国经验的基础上，对优质资源进行深层次的吸收、转换和整合，培养大批服务西部地区和"一带一路"沿线国家的优秀人才。

我国西部地区可以借鉴基础教育跨越式发展模式，以教育信息化带动教育现代化，加强与"一带一路"沿线国家高校、科研机构、企业共建信息化网络平台，与"一带一路"沿线国家进行短期的远程师资培训，合作建立系统完善的线上线下专业课程与公共课程，共同打造远程课堂，促进先进教学理念、教学经验和教学方法的分享等。我国西部地区高等院校应调研人才需求与合作环境，整合国内外教育资源，提高优质资源的使用效率；围绕"一带一路"重点项目所需专业培养急需人才，主要集中于基础设施建设、区域经济与贸易、文化交流等领域，加强经济管理、物流运输、电子信息技术、小语种等急需专业的课程开发，对紧缺人才实行远程网络联合培养，尽可能在最短时间内做到优势互补、互利共赢，为"一带一路"长远发展储备人才，推动我国西部地区高等教育国际化迈上新的台阶。

总之，我国西部地区高等院校应将自身的发展同国家战略相结合，不断与"一带一路"沿线国家深化高等教育的交流与合作，不仅提高自身的国际化发展水平，而且为国家战略的实施和区域的共同繁荣提供智力支持，进一步提升我国在当代世界文明体系中的认同度和话语权，在提升西部地区高等教育国际化水平的同时，也为我国高等教育走向世界做出不可磨灭的贡献。

7 "一带一路"倡议下
我国西部地区高等教育国际化
综合效益的评价指标体系

7.1 引言

　　《国家中长期教育改革和发展规划纲要（2010—2020年)》提出"建成一批国际知名、有特色、高水平的高等学校，高等教育国际竞争力显著增强"，《教育部关于全面提高高等教育质量的若干意见（教高〔2012〕4号)》也提出要"提升国际交流和合作水平"。随着我国高等教育国际化不断发展，国际化的理念和实践已取得一定成效，如何有效衡量和比较不同地区的国际化水平逐渐成为关注的重点。2015年3月，国家发改委、外交部、商务部联合发布的《推动共建丝绸之路经济带和21世纪海上丝绸之路的愿景与行动》提出"打造西南、中南地区开放发展新的战略支点，形成21世纪海上丝绸之路与丝绸之路经济带有机衔接的重要门户"。2016年5月，中共中央办公厅、国务院办公厅印发了《关于做好新时期教育对外开放工作的若干意见》（以下简称《意见》），其为新中国成立以来教育对外开放的第一个纲领性文件。《意见》提出实施"一带一路"教育行动，促进沿线国家教育合作，加强教育互联互通、人才培养培训等工作，对接沿线各国发展需求，倡议沿线各国共同行动，实现合作共赢。

　　《意见》出台后，教育部迅速作出响应，出具了配套文件《推进共建"一带一路"教育行动》，为教育领域推进"一带一路"建设提供支撑。推进共建"一带一路"教育行动，列入2016年推进"一带一路"建设工作部署和"十三五规划纲要"中我国要实施的100个重大项目。《推进共建"一带一路"教育行动》明确指出：各级学校有序前行。各级各类学校秉承"己欲立而立人"的传统观念，有序与沿线各国学校扩大合作交流，整合优质资源走出去，选择优质资源引进来、兼容并包、互学互鉴，共同提升教育国际化水平和服务共建"一带一路"能力。高等学校、职业院校要立足各自发展战略和本地区参与共建"一带一路"规划，与沿线各国开展形式多样的合作交流，重点做好完善现代大学制度、创新人才培养模式、提升来华留学质量、优化境外合作办学、助推企业成长等各项工作的协同发展。

由此可以看到，国家对"一带一路"倡议下高等教育的国际化发展给予了高度关注，并将其提升到了前所未有的战略高度。西部地区相比东中部地区在高等教育国际化方面存在差距，所以西部地区更应积极行动起来，抓住机遇，自觉服务"一带一路"倡议、创新驱动发展战略和"一流大学、一流学科"建设，积极推动教育国际合作与交流全方位、多层次、宽领域发展，使教育对外开放各项工作得到进一步发展和提高，从而进一步提升西部高等教育国际化水平。本书探讨"一带一路"倡议背景下我国西部高等教育国际化综合效益的评价指标体系，以期为西部地区高等教育国际化的发展提供借鉴。

7.2　高等教育国际化的内涵

关于高等教育国际化的内涵，各国学者从不同的角度给出了不同的定义，目前，虽然还没有形成统一的认识，但也存在许多的共识。目前已有的研究大致可以分为两种：

一种理解侧重于"国际化"的过程，代表性的学者如美国学者汉斯·迪·威特，其认为高等教育国际化是一种趋势和过程，是将国际化的意识同大学的科研教学相结合的过程。联合国教科文组织（UNESCO）所属的国际大学联合会（IAU）认为高等教育国际化是把跨国界和跨文化的观点和氛围与大学的教学、科研和社会服务等主要功能相结合的过程，是一个包罗万象的变化过程，既有学校内部的变化，又有学校外部的变化，既有自下而上的变化，又有自上而下的变化，还有学校自身的政策导向变化。其关键词是"跨国界和跨文化的观点与氛围"。陈佳洱认为高等教育国际化是各个国家的大学资源合理共享、互相促进的过程。

另一种理解侧重于"国际化"的结果，代表性的学者如王冀生认为高等教育国际化是经济社会发展的客观要求，其内涵应通过本土化与国际化双向发展来体现，核心是现代大学应走向世界。欧阳玉认为高等教育国际化是一个先进、开放的教育体系。

目前，国内学者基本认同的高等教育国际化就是把国际化的理念和维度渗透或者融合到大学的各个职能之中。高等教育国际化既是高等教育发展战略中的目标定位，也是一种发展过程，更是一种朝向目标定位而不断发展的过程。本书采用这个观点。

7.3 高等教育国际化综合效益的评价指标体系的文献回顾

关于高等教育国际化综合效益的评价指标体系构建，国内已有不少学者提出了自己的构想。李盛兵（2005）制定了高等教育国际化水平评价指标体系，其中包含 7 个一级指标。陈昌贵等（2009）调查了我国 26 所研究型大学国际化的实际情况，提出了战略规划与组织机构、人员构成与交流、教学与科学研究等 5 个一级指标，制定了研究型大学国际化评估指标。王鲜萍（2010）认为高等教育国际化评价需建立在对观念与意识、能力与行为及结果与绩效这三个维度的评价基础之上，并提出了国际化意识、教学、科研、财务指标等 9 个二级指标。戴晓霞（2011）认为，高等教育的国际化应包含 4 个方面：学生的国际化、教师的国际化、课程的国际化和研究的国际化。王文（2011）将高等教育国际化的内容分为战略管理、人才培养及科学研究三个层次，进而分别找出其影响因素，对主要影响因素设定具体的评价指标作为衡量高等教育国际化办学综合效益评价的标准。黄非和李毅（2011）在研究中指出，广东省教育厅在 2010 年组织面向广东省内 8 所高校进行的高等教育国际化评价试点，以问卷调查、座谈会及调研等形式展开指标设定，最终设计出以理念与战略、组织与制度、教学与课程等 9 个一级指标，具体到 120 多个二级指标的一个综合指标体系。赖铮（2012）提出一所高校的国际化应该体现为 10 个方面的特征。周密、丁仕潮（2012）提出了高等教育的国际化应包括 6 个方面，即战略国际化、组织国际化、领导国际化、人才培养国际化、科学研究国际化和社会服务国际化。西南交通大学（2013）也发布了"教育部直属高校国际化评价指标体系"，包括"国际化理念"等 10 个一级指标。金树凯、李旭（2014）提出了大学国际化评价指标体系，其中包括 10 个一级指标和 33 个二级指标。于之倩、杜文洁（2017）提出了高等教育国际化的 6 个核心一级指标，即国际化理念与目标、师生的国际化流动、教学过程与质量、科研合作与学术交流、合作办学与联合培养、战略规划与战略管理等。

也有一些学者分析了国外的评价指标体系，如王位（2012）比较了国际上有代表性的 6 种大学国际化评价指标体系的评价方式及类型、指标构成及特性等，发现这些体系在核心指标的选取上具有一定的相似性，均涉及策略、过程、活动和结果 4 个方面，具体体现在政策与战略、组织结构与管理、支持与服务、课程与教学、研究与学术、学生流动、教师与职员、合作伙伴与联盟 8 个方面。张妍（2012）在比较国内外研究的基础上，提出了教育理念、人员构成与交流、教学、科研及管理运营 5 个一级指标。本书发现，已有的研究成果有专门分析研究型大学的国际化办学水平的评价指标，也有不分高校类别的大学教育国际化水平评价指标体系构建，还有在省域内已经开展大学教育国际化评价试点的研究。

通过以上分析，本书发现不同的学者在评价指标体系构建时差异较大，具体的指标设计也有明显不同。当然，在对比不同类型的评价指标中，可以发现具有共性的一些核心指标。以上学者的研究，很少涉及"一带一路"倡议下我国西部地区高等教育国际化综合效益的评价指标。本书通过综合分析以上学者的研究成果，结合我国西部地区教育国际化的现实情况，提出西部地区高等教育国际化综合效益的评价指标体系。

7.4 "一带一路"倡议下西部地区高等教育国际化综合效益的评价标准、原则和方法

7.4.1 评价标准

7.4.1.1 理论标准

该标准为评价我国西部地区高等教育国际化综合效益的重要前提。在评价我国西部地区高等教育国际化的综合效益时，首先需要确立理论标准，即明确我国西部地区高等教育国际化的目标、内容、重点等。

7.4.1.2 实践标准

该标准为我国西部地区高等教育国际化综合效益的核心评价标准。我国西部地区高等教育国际化的目的和主张可以通过该标准得到充分的展示。我们可以通过对我国西部地区高等教育国际化综合效益的评价，为推动西部地区高等教育国际化办学水平提供政策建议。

7.4.1.3 理论与实践相统一标准

该标准为我国西部地区高等教育国际化综合效益的关键评价标准。在评价过程中，我们应该有效地将理论与实践标准合理统一，客观地分析我国西部地区高等教育国际化综合效益的评价体系及指标。

7.4.2 评价原则

7.4.2.1 客观性原则

在对我国西部地区高等教育国际化综合效益的评价过程中，找出该地区国际化发展过程中的不足是评价的目的之一，避免由于非客观评价导致的信息失真。

7.4.2.2 系统性原则

我国西部地区高等教育国际化涉及高等教育的各个方面，范围广、影响因素多。如果要科学评价我国西部地区高等教育国际化的综合效益，则需要全面、系统掌握各个方面的信息，并进行系统的分析。这样的评价指标体系才能够全面反映我国西部地区高等教育国际化的实际情况。

7.4.2.3 简明性原则

我国西部地区高等教育国际化综合效益的评价指标体系设计需要抓住重点，应该具有很强的代表性。如果评价指标设定得过于复杂，则不利于在实践中展开，难以实现预定的目标。在设计评价指标体系时，应抓住影响我国西部地区高等教育国际化发展的重点问题，进而设计出相应的综合效益评价指标，评价指标应该简明清晰。

7.4.2.4 独立性原则

我国西部地区高等教育国际化综合效益的评价涉及高等教育的各个层面，并且每个层面都相对独立，因此评价指标也要根据各层面的特点设定相应的代表性指标。这些指标有机地组成一个完整的指标系统，共同形成对西部地区高等教育国际化的整体评价。所以，同一层面及不同层面的评价指标需相互独立，尽可能减少交叉、重叠，以使评价结果更为客观准确。

7.4.3 评价方法

（1）本书利用层次分析法（AHP）和主观经验法确定我国西部地区高等教育国际化综合效益评价指标的权重，运用模糊综合评价法构建我国西部地区高等教育国际化水平模糊综合评价模型，并可以进行实例测评。

（2）本书运用霍尔三维结构方法，构建我国西部地区高等教育国际化综合效益评价的系统测量模型，并在此基础上，运用蛛网数学模型法，测量我国西部地区高等教育国际化的程度。

（3）专家评价法。对社会服务的国际化可以采用这种方法，通过专家对西部地区各高校的社会服务国际化进行评分。

7.5 "一带一路"倡议下西部地区高等教育国际化综合效益的评价指标体系

我国西部地区高等教育国际化综合效益的评价指标体系共有 10 个一级指标、43 个二级指标和 12 个三级指标，具体如下：

7.5.1 高等教育理念的国际化

该指标主要涉及的二级指标有：高校高等教育的国际化规划，人才培养定位在国际化方面的体现。

7.5.2 学生的国际化

该指标主要涉及的二级指标有："一带一路"沿线国家国际学生层次及人数，"一带一路"沿线国家国际学生占在校生的比例，"一带一路"沿线国家国际学生来源国分布，到"一带一路"沿线国家交流学习（一学期及以上）学生数。

7.5.3 师资队伍的国际化

该指标主要涉及的二级指标有：英语教师人数，"一带一路"沿线国家小语种教师人数，外国文教专家聘请人数，优秀海外高层次人才引进人数，外籍教师占学校教师的比例（半年以上），具有留学经历教师人数（半年以上），出境参加学术会议人次，国际组织、国际刊物任职人数，"一带一路"沿线国家访学人数，"一带一路"沿线国家进修人数，"一带一路"沿线国家考察人数，"一带一路"沿线国家合作研究人数。

7.5.4 人才培养的国际化

该指标主要涉及的二级指标有：教学目标的国际化，人才培养方案的国际化，课程设置的国际化，英语的国际化，"一带一路"沿线国家小语种的国际化。

该指标主要涉及的三级指标有：学生跨国界学习的学分，开设关于其他文化和语言的课程门数，全英文授课的课程门数，"一带一路"沿线国家小语种授课门数。

7.5.5 科研的国际化

该指标主要涉及的二级指标有：与"一带一路"沿线国家国际合作项目数，来自"一带一路"沿线国家的科研经费，与"一带一路"沿线国家联合发表论文数，在"一带一路"沿线国家发表的论文数，在"一带一路"沿线国家举办的国际会议数，与"一带一路"沿线国家期刊及书籍等交换数。

7.5.6 国际合作与交流管理的国际化

该指标主要涉及的二级指标有：在"一带一路"沿线国家中外合作办学的机构数量，在"一带一路"沿线国家中外合作办学的项目数量，在"一带一路"沿线国家的办学数量，研究"一带一路"沿线国家经济文化教学科研机构的数量，外派教师与志愿者参与汉语国际教育的数量。

该指标主要涉及的三级指标有：在"一带一路"沿线国家的海外教育/国际教育学院数量，在"一带一路"沿线国家的孔子学院数量。

7.5.7 高校管理的国际化

该指标主要涉及的二级指标有：高校战略规划，高校组织与管理，经费投入量。

该指标主要涉及的三级指标有：是否制定有完善的国际化战略与实施方案，是否设立有完善的相关国际化工作组织/机构，是否制定有完善的相关国际化的规章制度，针对"一带一路"沿线国家专任教师的聘用经费。

7.5.8 高校校园文化的国际化

该指标主要涉及的二级指标有：高校网站内容的国际化，校园名称、标语、指示牌、重要说明等中英文的使用。

该指标主要涉及的三级指标有：是否中文和外语版的新闻同步更新，是否及时向外传播高校的文化信息。

7.5.9 声望的国际化

该指标主要涉及的二级指标有：上海交大学术排行榜，QS 世界大学排行榜，中国大学 ESI-TOP 论文排行榜。

7.5.10 社会服务的国际化

这一项指标主要采用专家评价打分。

综上所述，具体的一级指标、二级指标和三级指标体系详情见表7-1。

表 7-1　西部高等教育国际化综合效益的评价指标体系表

编号	一级指标	二级指标	三级指标	权重
1	高等教育理念的国际化	高校高等教育的国际化规划； 人才培养定位在国际化方面的体现		0.10
2	学生的国际化	"一带一路"沿线国家学生层次及人数； "一带一路"沿线国家学生占在校生的比例； "一带一路"沿线国家学生来源国分布； 到"一带一路"沿线国家交流学习（一学期及以上）学生数		0.13
3	师资队伍的国际化	英语教师人数； "一带一路"沿线国家小语种教师人数； 外国文教专家聘用人数； 优秀海外高层次人才引进人数； 外籍教师占学校教师的比例(半年以上)； 具有留学经历教师人数（半年以上）； 出境参加学术会议人次； 国际组织、国际刊物任职人数； "一带一路"沿线国家访学人数； "一带一路"沿线国家进修人数； "一带一路"沿线国家国外考察人数； "一带一路"沿线国家合作研究人数		0.15
4	人才培养的国际化	教学目标的国际化； 人才培养方案的国际化； 课程设置的国际化； 英语的国际化； "一带一路"沿线国家小语种的国际化	学生跨国界学习的学分； 开设关于其他文化和语言的课程门数； 全英文授课的课程门数； "一带一路"沿线国家小语种授课门数	0.20

表7-1(续)

编号	一级指标	二级指标	三级指标	权重
5	科研的国际化	与"一带一路"沿线国家国际合作项目数； 来自"一带一路"沿线国家的科研经费； 与"一带一路"沿线国家联合发表论文数； 在"一带一路"沿线国家发表的论文数； 在"一带一路"沿线国家举办的国际会议数； 与"一带一路"沿线国家期刊及书籍等交换数		0.07
6	国际合作与交流管理的国际化	在"一带一路"沿线国家中外合作办学的机构数量； 在"一带一路"沿线国家中外合作办学的项目数量； 在"一带一路"沿线国家的办学数量； 研究"一带一路"沿线国家经济文化的教学科研机构的数量； 外派教师与志愿者参与汉语国际教育的数量	在"一带一路"沿线国家的海外教育学院/国际教育学院数量； 在"一带一路"沿线国家的孔子学院数量	0.07
7	高校管理的国际化	高校战略规划； 高校组织与管理； 经费投入量	是否制定有完善的国际化战略与实施方案； 是否设立有完善的相关国际化工作机构/组织； 是否制定有完善的相关国际化的规章制度； 针对"一带一路"沿线国家专任教师的聘用经费	0.07
8	高校校园文化的国际化	高校网站内容的国际化； 校园名称、标语、指示牌、重要说明等中英文的使用	是否中文和外语版的新闻同步更新； 是否及时向外传播高校的文化信息	0.05
9	声望的国际化	上海交大学术排行榜； QS世界大学排行榜； 中国大学ESI-TOP论文排行榜		0.09
10	社会服务的国际化	专家评价打分		0.07

下篇 专题篇

8 "一带一路"倡议下 重庆吸引国际学生的现状、 主要障碍和创新机制分析

8.1 引言

8.1.1 问题的提出和意义

"一带一路"倡议的提出为我国高等教育的发展提供了重大的战略机遇。《国家中长期教育改革和发展规划纲要（2010—2020年）》提到"进一步扩大外国留学生规模，增加中国政府奖学金数量，重点资助发展中国家留学生，优化来华留学人员结构，不断提高来华留学教育质量"。《留学中国计划》也提及"从2010年至2020年十年间我国国际学生规模将快速增长，到2020年其具体数量将达到50万人次"。对重庆而言，这些政策有利于助推重庆高等教育的国际化，深化重庆的高等教育综合改革，提升重庆高等教育的质量和层次。深入研究"一带一路"沿线国家和地区国际学生教育发展的现状和趋势，扩大重庆吸引"一带一路"沿线国家和地区的国际学生规模，提高"一带一路"沿线国家和地区国际学生的培养质量，从而培养一批知华友华、学有所成的国际化专业人才，对于提高重庆的对外开放水平具有战略意义。

2003年，重庆国际学生的规模仅为159人；2013年，达到4 516人；到了2018年，首次突破9 000达到9 530人。所以，重庆吸引国际学生规模呈逐年上升的态势（2013—2018年的数据见表8-1）。同时，必须看到的是，最近这些年来，我国的教育水平得到了飞速提升，来我国留学的国际学生规模也在不断扩大，许多地区吸引的国际学生规模已超过1万人。虽然重庆吸引国际学生

的规模在逐年递增，但是，与中东部地区、东北地区，甚至西部的一些地区（四川省、广西壮族自治区等）相比，重庆吸引的国际学生规模还存在着或大或小的差距，在全国吸引的国际学生总量中所占的比重也很低，以2018年为例，占比仅为1.9%。当前，作为直辖市之一，"一带一路"沿线国家和地区国际学生在重庆的规模在全国的占比至少为10%，并做好"提质增效"的工作，这样对提升重庆国际化教育水平，增加重庆的知名度和美誉度都有着深远的意义。

表8-1　2013—2018年全国及重庆吸引"一带一路"沿线国家和地区的
国际学生统计表

年份	全国吸引的国际学生总数/人	全国吸引的沿线国家和地区的国际学生总数/人	吸引的沿线国家和地区的国际学生总数在全国占比/%	重庆吸引的国际学生总数/人	重庆吸引的国际学生总数在全国占比/%	重庆吸引的沿线国家和地区的国际学生总数/人	重庆吸引的沿线国家和地区的国际学生总数在全国占比/%
2013	356 499	160 784	46	4 516	1.3	—	—
2014	377 054	171 580	46	6 166	1.6	—	—
2015	397 635	182 875	46	6 434	1.6	—	—
2016	442 773	207 746	47	7 213	1.6	4 402	2.1
2017	489 172	317 200	65	8 510	1.7	6 322	2.0
2018	492 185	260 715	53	9 530	1.9	6 611	2.5

数据来源：《来华留学生简明统计》。

8.1.2　研究方法

本书采用的研究方法主要如下：

（1）文献研究法。梳理相关"一带一路"沿线国家和地区国际学生教育发展的文献，展开相关的理论分析，构建本书的分析思路。

（2）调研访谈法。选取相关职能部门和典型学校负责国际学生教育的管理人员，给国际学生授课的部分教师和有代表性的国际学生进行调研访谈。

（3）问卷调查法。对重庆典型高校的国际学生进行问卷调查，分析重庆吸引"一带一路"沿线国家和地区国际学生来渝学习的现状和面临的主要障碍。

8.2 "一带一路"倡议下重庆吸引国际学生的现状

8.2.1 "一带一路"倡议下重庆吸引国际学生的规模

相对于其他直辖市，重庆在相关国际学生的工作方面起步比较晚。1978—1997 年，重庆处于我国内陆地区，那时交通还不够方便，加之经济发展水平不高，这个时期的重庆只有少数高校有资格和能力招收国际学生。从 1997 年开始，重庆有越来越多的高校获得了招收国际学生的资格。这几年来，随着"一带一路"倡议的深入，在经济、科技和文化等诸多方面，重庆都取得了长足的进步，发展势头良好。在国家出台的相关吸引国际学生政策的指引下，重庆在响应和充分用好国际学生政策的同时，也不断激励和大力扶持一些高校和职业院校吸引和招收国际学生，进而不断扩大了来渝国际学生的规模，并使来渝国际学生呈现出持续增长的态势。

8.2.2 "一带一路"倡议下重庆吸引国际学生的生源国别分布

2018 年，重庆吸引的国际学生生源国别达到 148 个，其中生源规模居前 10 位的国家依次是：泰国、印度、孟加拉国、韩国、印度尼西亚、新加坡、巴基斯坦、哈萨克斯坦、老挝和意大利。从中可以看出，在重庆吸引的国际学生排名前 10 位的国家中，除了第 4 名的韩国和第 10 名的意大利外，其余的8 个国家都属于"一带一路"沿线国家和地区。所以，"一带一路"沿线国家和地区是重庆吸引国际学生的主要生源国。

8.2.3 "一带一路"倡议下重庆吸引国际学生的主要高校分布

目前在重庆，共有 17 所高校接受"一带一路"沿线国家和地区的国际学生，但是国际学生呈现出分布不均衡的发展趋势。"一带一路"沿线国家和地区的国际学生主要集中在重庆主城区的高校。以 2018 年为例，来渝留学的国际学生主要集中在重庆大学、西南大学、重庆工商大学、重庆医科大学、重庆师范大学、重庆邮电大学、重庆交通大学、四川外国语大学和重庆科技学院 9所高校，仅这 9 所高校吸引的"一带一路"沿线国家和地区的国际学生就占到了"一带一路"沿线国家和地区的国际学生总数的 80% 以上。相较而言，距离重庆主城区较远的普通高校，其对"一带一路"沿线国家和地区的国际学生的吸引力不够，所以这些普通高校吸引的国际学生数量相对较少。

综上所述，重庆在生源国别分布上以"一带一路"沿线国家和地区的国际学生为主，但总体规模不大，在全国的占比较低，并且主要集中在重庆主城区的高校，发展不均衡。

8.3 "一带一路"倡议下重庆吸引国际学生存在的主要障碍

依据对重庆典型高校（重庆大学、西南大学、重庆工商大学）的国际学生进行的问卷调查，并通过对相关职能部门（重庆市教育委员会国际合作与交流处）进行调研访谈，本书整理出重庆吸引"一带一路"沿线国家和地区的国际学生中存在的主要障碍有8个方面，涉及国际化思维、工作机制、优质教育资源、宣传平台、住宿条件、协同合作、人文关怀和退出机制。

8.3.1 国际化思维

目前，重庆高校欠缺吸引"一带一路"沿线国家和地区学生的国际化思维，主要表现为：欠缺"国际学生教育是大学国际化的一个重要发展方向"的国际化思维；欠缺"促进学校国际学生教育改革、融入世界"的国际化思维；欠缺"'一带一路'沿线国家和地区国际学生教育是西部地区高校国际化的一个重要发展方向"的国际化思维。

在欠缺吸引"一带一路"沿线国家和地区学生的国际化思维的背景下，重庆高校对吸引"一带一路"沿线国家和地区的国际学生的重要性也就认识不到位，在谋划学校发展的时候往往会忽视"一带一路"沿线国家和地区学生的教育，认为国际学生无关学校的整体发展，或者定位不明确，自然就缺乏相应的"一带一路"沿线国家和地区国际学生的顶层设计，更不用说制定相关的政策和管理制度等。

8.3.2 工作机制

目前，在吸引"一带一路"沿线国家和地区国际学生的工作中，重庆高校还是处于各自为政的状态，各高校之间缺乏有效的协同合作，也没有建立起协同合作机制。相反，重庆高校之间的竞争却比合作表现得更为明显。比如，为了追求数量和规模，重庆个别高校采取了降低"一带一路"沿线国家和地区学生入学标准的做法；通过过大宣传自己的学校、贬低别的学校的方式达到吸引更多"一带一路"沿线国家和地区国际学生的目的等，这样一来，就难以保证"一带一路"沿线国家和地区国际学生的生源质量和教育质量，最终也破坏了正常的吸引"一带一路"沿线国家和地区国际学生的生态环境。

8.3.3 优质教育资源

"一带一路"沿线国家和地区的经济发展水平、教育水平、人文环境及风俗习惯等各不相同甚至差异很大，"一带一路"沿线国家和地区的国际学生到重庆留学，或多或少会产生各种不适应的问题，如社会生活环境不适应、语言不适应、人际互动不适应、学业不适应、心理状态不适应等。目前，重庆高校对"一带一路"沿线国家和地区的国际学生的不适应问题，缺乏有针对性的人文关怀，要么冷漠对之，由国际学生自生自灭，要么混同于中国学生的管理而缺乏有针对性的管理。在重庆留学期间，如果得不到应有的人文关怀，也没有专业的解决他们跨文化适应问题的团队，那么这些"一带一路"沿线国家和地区的国际学生就会对学校心生不满，也就谈不上对学校产生深厚的感情，毕业后更不可能主动宣传自己曾经留学过的学校，也不会推荐更多的"一带一路"沿线国家和地区的国际学生来重庆的高校留学。这在无形之中就降低了"一带一路"沿线国家和地区的国际学生来渝留学的动力。

8.3.4 宣传平台

当前，全国各地都十分重视吸引"一带一路"沿线国家和地区国际学生的工作，也引发了各地区之间的激烈竞争。许多地区非常注意立体招生宣传平台的建设，利用各种各样的招生宣传渠道来吸引"一带一路"沿线国家和地区的国际学生。但是，重庆高校目前针对"一带一路"沿线国家和地区国际学生的招生宣传渠道还比较单一，未真正形成整体的对外宣传合力，招生宣传的力度也不够大，欠缺具有重庆高校特色的吸引"一带一路"沿线国家和地区国际学生的立体招生宣传平台，影响了来渝留学的"一带一路"沿线国家和地区国际学生的规模，从而使得当前重庆的国际知名度与城市的发展水平不匹配。

8.3.5 住宿条件

目前，重庆高校针对"一带一路"沿线国家和地区国际学生的工作机制不够完善，主要表现为：负责国际学生工作管理的主体、负责培养国际学生的主体和其他涉及国际学生工作的协助部门之间的责、权、利分工尚不够明确。

国际交流与合作处负责管理国际学生工作，各学院负责培养国际学生，其他相关部门如教务处属于协助性质，三者之间的分工往往不够明确，三者之间往往存在着交叉性工作，也就容易产生互相推诿、互相扯皮的现象。由于三者之前的沟通、协调不畅，高校就无法建立健全国际学生工作机制，因此国际学生的学习生活受到很大的影响。

与此同时，随着吸引的"一带一路"沿线国家和地区国际学生数量不断增加，重庆高校应当出台一系列的针对"一带一路"沿线国家和地区的国际学生的管理规章制度。但是，重庆高校目前并未针对"一带一路"沿线国家和地区的国际学生出台专门的管理规章制度，只是将针对中国学生的规章制度套用在"一带一路"沿线国家和地区的国际学生管理上，这使得针对"一带一路"沿线国家和地区国际学生的管理服务规范工作明显滞后。

8.3.6　协同合作

8.3.6.1　欠缺吸引"一带一路"沿线国家和地区国际学生的品牌专业设置

"一带一路"沿线国家和地区的国际学生来渝留学，不仅仅要学习汉语，而且要进行专业的学习。但是，重庆高校缺乏优质的专业设置，提供给国际学生选择的许多专业是该学校传统的专业，许多专业也没有取得国际专业认证资格，所以没有真正实现与国际的接轨，难以形成国际学生的品牌专业，这使得"一带一路"沿线国家和地区的国际学生在来渝前的专业选择以及来渝后的学习面临较大的困难，导致其来渝留学的积极性降低。欠缺吸引"一带一路"沿线国家和地区国际学生的优质专业设置，这种现象在招收来渝研究生学历教育的国际学生时表现得特别明显。

8.3.6.2　欠缺吸引"一带一路"沿线国家和地区国际学生的人才培养方案和课程设置

目前，重庆高校没有专门制定针对"一带一路"沿线国家和地区国际学生的人才培养方案，有的高校虽然针对"一带一路"沿线国家和地区的国际学生制定了专门的人才培养方案，但在课程设置上缺乏思考，在国际学生课程设置上基本沿用中国学生的课程或稍微做出一些变通，缺乏针对性，缺乏优质的课程设置，更缺乏高水平的国际性课程，对国际学生的吸引力不足。

8.3.6.3　欠缺吸引"一带一路"沿线国家和地区国际学生的学习效果和高水平师资队伍

目前，来渝留学的"一带一路"沿线国家和地区国际学生都通过了规定的汉语资格水平考试，但较多的国际学生在进行专业课程学习（尤其涉及需要数学基础的专业课程学习）时遇到了较大的困难，加之重庆高校为"一带一路"沿线国家和地区国际学生开设的小语种少，满足不了国际学生的语种学习要求，大多数重庆高校只能设置一些用英语授课的课程，有的高校直接将"一带一路"沿线国家和地区国际学生插到中国学生的班级，一些专业的国际学生普遍反映听课困难，所以专业学习的效果不够理想，国际学生缺课、补考、重修、降级或延期毕业的情况较为普遍。同时，重庆高校针对"一带一路"沿线国家和地区国际学生的教育师资力量严重不足，具有较强专业知识和外语教学（尤其是小语种教学）能力的授课教师十分缺乏，这也会影响"一带一路"沿线国家和地区国际学生来渝学习的积极性。

8.3.7 人文关怀

近年来，重庆高校都走了一段扩招的道路。有的高校出现中国学生住宿都比较紧张的情况，再加上吸引的国际学生包括"一带一路"沿线国家和地区的国际学生人数不断增加，为了减少留学成本，"一带一路"沿线国家和地区的国际学生较多倾向于选择在就读的学校内住宿，这就导致供求矛盾突出，重庆高校的国际学生住宿资源就显得"捉襟见肘"，甚至还出现过有的国际学生来到重庆某高校只"住"了一个晚上就"打道回府"的情况（因为对住宿条件严重不满意）。对"一带一路"沿线国家和地区的国际学生，目前重庆高校采用的是单独划出一个区域让其入住。这种方式有它的优点，如便于统一集中管理等。但是，其缺点也十分明显，如减少了"一带一路"沿线国家和地区的国际学生与中国学生在课外接触的机会，不利于国际学生尽快提高中文水平和适应环境，从长远看也不利于中国学生与国际学生的融合。

8.3.8 退出机制

目前，重庆高校更多地关注如何吸引"一带一路"沿线国家和地区国际学生来渝留学。但是，重庆高校还欠缺针对"一带一路"沿线国家和地区国际学生来渝留学的退出机制，这使得一些并不适合来渝留学的国际学生继续勉强留在重庆，又不能在规定的学籍期限内完成学业，只能留级，有的国际学生甚至流浪在校外。所以，国际学生退出机制的欠缺，一些国际学生不能按时完成学业回国，对潜在的来渝留学的国际学生形成了不好的印象，实际上是不利于吸引"一带一路"沿线国家和地区国际学生来渝留学的。

8.4 "一带一路"倡议下重庆吸引国际学生的创新机制分析

根据重庆对"一带一路"沿线国家和地区国际学生规模的定位（在全国的占比至少为 10%及以上）及"提质增效"的内在要求，结合上文分析到的 8 个主要障碍，本书得出重庆吸引"一带一路"沿线国家和地区国际学生的创新机制主要有 8 个。这 8 个创新机制之间为宏观、中观和微观层面的分布关系：宏观层面的机制涉及国际化思维、协同合作、人文关怀 3 个方面；中观层面的机制涉及招生宣传、工作管理、优质教育资源的配置 3 个方面；微观层面涉及住宿条件和退出机制 2 个方面。

8.4.1 宏观层面的机制

8.4.1.1 国际化思维

针对重庆高校欠缺"一带一路"沿线国家和地区国际化思维的现象，重庆市相关主管部门（如重庆市教育委员会等）加强对相关高校的引导，要求他们牢牢树立 3 大国际化思维，即"国际学生教育是大学国际化的一个重要发展方向"的国际化思维，"促进学校国际学生教育改革、融入世界"的国际化思维和"'一带一路'沿线国家和地区国际学生教育是西部地区高校国际化的一个重要发展方向"的国际化思维。同时，重庆市相关主管部门将高校相关吸引"一带一路"沿线国家和地区国际学生的顶层设计列入对其的考核之中，并形成相应的考核机制，促使重庆高校重视吸引"一带一路"沿线国家和地区国际学生的工作。

8.4.1.2 协同合作

首先，针对目前重庆高校在吸引"一带一路"沿线国家和地区国际学生工作中各自为政的现状，需要重庆市教育委员会树立整体观念，做好对各高校整体的规划，将"一带一路"沿线国家和地区国际学生来渝之前的整体招生宣传、对国际学生来渝之前资格和条件的整体审核、国际学生来渝之后在学习过程中整体教育质量的认定、国际学生毕业后整体的跟踪等，都列入整体规划之中。

其次，建立重庆高校之间的协同合作机制。重庆市教育委员会应出台重庆各高校之间协同合作的总体指导意见，各高校按照总体指导意见去实施。重庆高校可以建立起组织架构，如"重庆高校'一带一路'国际学生教育指导委员会"，指导委员会主任由重庆各高校轮流担任。指导委员会成立后，可以确立重庆高校间联合培养国际学生的模式，然后着手考虑具体的协同合作机制，如建立"一带一路"沿线国家和地区国际学生在重庆高校之间的招生调剂机制，建立国际学生的跨高校/跨专业选课机制，建立重庆高校之间的学分互认机制，建立重庆高校之间的考核标准化机制等，从而形成良好的重庆吸引"一带一路"沿线国家和地区国际学生的生态环境。

8.4.1.3 人文关怀

首先，重庆高校应对"一带一路"沿线国家和地区的国际学生进行心理测试，建立起动态的跨文化适应平台，详细调研并了解"一带一路"沿线国家和地区国际学生出现的跨文化适应问题，如前文提到的社会生活环境不适应、语言不适应、人际互动不适应、学业不适应、心理状态不适应等。其次，结合"一带一路"沿线国家和地区国际学生的风俗习惯、学习能力，有的放矢地加强对他们的人文关怀。在跨文化适应的人文关怀中，可以采用"一对一"结对子的方式加强中外学生的沟通与交流，最好配备懂英语、懂管理的辅导员等，确保"一带一路"沿线国家和地区国际学生来渝学习顺利。

8.4.2 中观层面的机制

8.4.2.1 招生宣传

针对重庆高校在"一带一路"沿线国家和地区国际学生的招生中宣传渠道还比较单一的现状，应加快搭建立体的招生宣传机制。首先，搭建国际学生立体的招生宣传主体机制。其由四个主体构成：主体之一是重庆市教育委员会，主体之二是重庆高校，主体之三是海内外知名高校，主体之四是中介机构。其次，搭建国际学生立体的招生宣传的渠道机制，如重庆高校的网站、"一带一路"沿线国家和地区的招生基地、在校和已毕业的"一带一路"沿线国家和地区的国际学生、相关"一带一路"沿线国家和地区的教育展、相关"一带一路"沿线国家和地区的国际性赛事等。

需要特别强调的是重庆市教育委员会可以发挥关键作用，通过整合重庆高校的资源，形成统一的对"一带一路"沿线国家和地区国际学生进行招生宣传的口径，从而形成重庆对"一带一路"沿线国家和地区国际学生招生的宣传合力。

8.4.2.2 工作管理

针对重庆高校"一带一路"沿线国家和地区国际学生的工作机制不够完善

的现状，亟须建立涉及三个主体（负责国际学生工作管理的主体、负责培养国际学生的主体和其他涉及国际学生工作协助部门的主体）之间的良性循环的工作机制，首先要明确规定好三个主体之间的责、权、利，避免职责不清；其次要建立起三个主体之间的良好沟通机制，避免互相推诿、互相扯皮；最后要建立起健全的考核与激励机制，从而起到调动各个主体积极性的作用，避免奖罚不明。

当前，重庆应当出台一系列针对"一带一路"沿线国家和地区的国际学生的管理规章制度。可以从两个层面来进行，第一个层面是重庆市教育委员会出台指导性意见，第二个层面是重庆高校按照重庆市教育委员会的指导性意见，出台具体针对"一带一路"沿线国家和地区国际学生的管理制度，避免国际学生管理服务规范工作的滞后。

8.4.2.3 优质教育资源的配置

（1）打造并实现从优势专业/特色专业到品牌专业的升级。

针对重庆高校缺乏适合于"一带一路"沿线国家和地区国际学生品牌专业的现状，重庆高校可以为国际学生开设自己的优势专业或特色专业，如果优势专业或特色专业属于传统的专业，则应结合大数据、人工智能的发展，优化或升级传统的优势专业或特色专业，并努力取得国际专业认证资格，实现与国际的接轨，逐步形成与"一带一路"倡议密切相关的国际学生的品牌专业。

（2）制订并优化人才培养方案，精心设置课程。

针对重庆高校欠缺适合于"一带一路"沿线国家和地区国际学生人才培养方案的现状，首先，重庆高校应将相应的人才培养方案制订出来，然后不断优化。在人才培养方案中，重庆高校应该精心设置适合于国际学生的课程。课程设置要尽量与国际接轨，多开设高水平的国际性课程。重庆高校可以增设外语/汉语的经典课程，如国学方面的外语/汉语课程等，从而打造出一批具有鲜明特色的中国文化课程的汉语专业课程。

（3）全方位发力提高学习效果，打造高水平国际化师资团队。

针对"一带一路"沿线国家和地区国际学生的学习效果不够理想的情况，首先，应该从源头上控制，尽量提高"一带一路"沿线国家和地区国际学生的生源质量，设置好严格的来渝留学标准，加强前期的考核和认证，对优秀的国际学生可以考虑设置绿色的录取通道。其次，在条件成熟时为"一带一路"沿线国家和地区国际学生开设小语种。再次，对"一带一路"沿线国家和地区国际学生学习起来非常困难的课程（如数学类课程等），可以单独开班，因材施教；要加强对国际学生的纪律管理，避免国际学生出现违反学校规章制度的情况。最后，针对"一带一路"沿线国家和地区国际学生的教育师资力量严重不足的现状，重庆高校应大力加强对"一带一路"沿线国家和地区国际学生的师资队伍建设，打造出一支全英文授课、小语种授课和对外汉语授课的高水平国际化师资团队。

8.4.3　微观层面的机制

8.4.3.1　住宿条件

针对重庆高校出现的"一带一路"沿线国家和地区国际学生住宿条件不够理想的现状，可以有两种办法：一是"看菜下饭"。重庆高校应该根据自身的住宿条件，决定招收"一带一路"沿线国家和地区国际学生的规模，避免招收进来后住宿出现困难。二是"增容扩规"。重庆高校应该加大投入，改善住宿条件，增加国际学生公寓的容纳能力，扩大对"一带一路"沿线国家和地区国际学生的招生规模。

由于各种原因（中外文化的差异、风俗习惯的差异、对国际学生安全和便于统一集中管理的考虑等）的存在，估计招有国际学生的重庆高校，在未来较长一段时间里还是倾向于采用单独划出一个区域让其入住的住宿模式，而不敢或不便让"一带一路"沿线国家和地区的国际学生和中国学生住在同一栋宿舍。为了尽可能减少这种住宿模式带来的不利于中外学生融合的弊端，可以采取其他的办法来进行弥补，如设计丰富多彩的第二课堂活动、"结对子"等。

8.4.3.2　退出机制

"一带一路"沿线国家和地区的国际学生来渝学习过程中，如果出现了违反中国法律法规的情形、道德品质低劣的情形、来渝留学完全不适应的情形等，应该退出留学。重庆高校需要对国际学生建立专门的退出机制，绝对不能出现为追求国际学生的数量而牺牲质量的情况。重庆高校建立完善的退出机制，不会削弱"一带一路"沿线国家和地区国际学生来渝留学的积极性。从长远来看，当国际学生真正了解到我们的严谨和严格的退出机制后，反而有利于吸引他们来渝留学。

总之，在"一带一路"倡议下，吸引"一带一路"沿线国家和地区的国际学生来渝留学，虽然存在着诸多障碍，尤其在后疫情时代，但是如果合理及时地跨越了这些障碍，将会大大提升重庆的国际竞争力，有利于树立重庆的国际化形象。

9 西部地区高等院校国际学生跨文化适应的研究与实践

9.1 问题的提出及国内外研究现状

9.1.1 问题的提出

近年来，随着经济的不断发展，中国的综合国力逐渐增强，国际地位显著提高，中国与世界各国和地区的文化交往日渐频繁，越来越多的外国人选择到中国留学、工作。重庆作为中国的直辖市之一，正吸引着越来越多的国际学生。这些国际学生作为在校学生的一部分，与中国大学生具有一定的共性，与此同时，他们受教育背景、文化传统、风俗习惯等因素影响，在世界观、价值观、思维方式、学习方法、人际关系、生活习惯等方面与中国学生存在较大差异。根据现有的研究，文化上的巨大差异会对国际学生的心理和生理产生负面影响，导致他们不能有效地融入当地社会，同时会影响他们的学习。如何正确认识、深刻理解这些差异及其可能带来的后果，做出及时正确的应对策略，在很大程度上取决于国际学生教育管理工作，而教育管理的成败又对国际学生来华学习目的是否能够达成以及对重庆高校国际学生教育的发展有着直接影响。目前国内高校国际学生管理多侧重于硬件建设，为国际学生提供舒适的生活设施和环境，照顾他们的生活习惯和宗教习俗，但是对于他们在华所面临的跨文化交际适应和参与中国社会文化生活的需求情况等软件方面的管理能力还有待提高。本书以教育学、管理学、跨文化交际学、心理学等多学科理论为基础，从跨文化适应角度着手，采用访谈和问卷调查的研究方法，分析影响跨文化适应的因素。根据研究对象的特点，本书以期为研究国际学生的跨文化适应提供理论依据，为国际学生的心理健康教育和管理提供一些思路，促进国际学生更好的发展和高校国际交流管理工作的提高。

9.1.2　国内外研究现状述评及研究意义

9.1.2.1　国内外研究现状

（1）跨文化适应的研究综述。

第一，跨文化适应的概念。跨文化适应的概念最早由美国人类学家雷德菲尔德等（1936）提出，是指两个不同文化群体在连续的接触过程中导致的文化模式的变化。大部分研究者认为跨文化适应分为两个维度：社会文化适应和心理适应。目前国内大多数学者基于国外研究的基础展开对跨文化适应的研究。国内研究大多采用 Ward 的观点，即认为跨文化适应分为心理适应和社会文化适应（杨军红，2005；朱国辉，2011）。

第二，跨文化适应的测量。Ward（1999）的社会文化适应量表（SCAS）是目前应用比较广泛的量表，国内学者大多采用 29 个项目的自评量表。Ward 认为 Zung 氏自评抑郁量表（SDS）是跨文化心理适应研究中比较合适的测量工具。目前国内研究较多采用 Ward 的量表来评估社会文化适应状况，如雷云龙（2004）、朱国辉（2011）、陈慧（2003）、陈琇霖（2014）等。

第三，跨文化适应的相关研究。跨文化适应的早期研究都集中于对移民抑郁、思乡、心理压力等负面心理状态的研究，现在研究的方向转到对个体层面的跨文化交际及各种影响因素的探讨，如移民如何使用网络工具获得社会支持，如何加速融入当地文化等。

（2）跨文化适应与文化新颖性的关系。

第一，文化新颖性的概念。文化新颖性也称为"感知的文化距离"，就是从认知的角度理解文化距离，是一种主观感知。Tarfng Bean（2001）认为，生活变化给人带来压力时，母国文化与东道国文化的差异性会起到调节作用，在研究中，Tanfng Bean 就使用了感知的文化距离（文化新颖性）这个概念来考察留学生如何感知文化的差异。

第二，文化新颖性的测量。J. Steward Black 等（1989）采纳了 Torbiom（1982）的研究，提出用天气、住房条件等 8 个项目来测量文化新颖性。王泽宇等（2013）对国外学者的研究结果进行测量，对该量表进行验证，问卷效度良好。

第三，跨文化适应与文化新颖性。方媛媛（2011）发现留学国家与中国文化差距越小，中国留学生的文化适应情况越好。王泽宇等（2013）研究得出文化新颖性与跨文化适应呈正相关关系。施聪慧（2012）发现美国与中国的文化距离大于韩国与中国的文化距离，文化距离越大，人际互动适应越好，但社会文化适应其他方面与文化距离并无联系，文化距离越小，心理适应越好。鲁丽娟（2010）的研究认为文化新颖性与社会文化适应负相关，与心理适应正相关。秦洁（2009）研究发现心理适应与文化新颖性没有相关性。

（3）跨文化适应与心理资本的关系。

第一，心理资本的概念。Goldsmith，Veum 和 Darity（2001）将心理资本看作是形成于个体早年的相对稳定的心理倾向或特征，包括自我知觉、工作态度、伦理取向和对生活的看法。Goldsmith（2005）认为心理资本结构要素是自尊。从 Page 和 Larson 开始，自信、希望、复原力等因素开始纳入心理资本的结构。但被人普遍接受的还是 Luthans 对于心理资本的定义。他认为积极心理资本是指个体的积极心理发展状态，包括自信、希望、乐观、韧性。

第二，心理资本的测量。总体而言，Luthans 对于心理资本的测量研究最为广泛、深刻和成熟。Luthans 等人基于工作情境开发了 24 题的心理资本量表。张阔等（2008）编制了积极心理资本问卷。姚姝慧（2010）参照 Luthans 的心理资本问卷，采用五点计分进行测量。

第三，跨文化适应与心理资本。目前将心理资本纳入跨文化适应研究的学者不多。姚姝慧（2010）发现，留学生心理资本与跨文化适应显著正相关，心理资本对文化智力和跨文化适应关系有正向的调节作用。其中心理资本的坚韧维度调节作用最大。

9.1.2.2 研究述评

外国来华留学教育历史悠久，那时的留学教育交流范围狭窄，且规模较小。今天，教育已成为一个重要产业，国际学生可以带来收入，弥补国际交流的不足，更可以提高中国大学国际知名度和国家影响力以及较容易地获得人才。教育对个人和社会都是一个特殊的生产过程，同时也具有消费性。面对全球化的开放性和竞争性，各国之间的人员流动也更加频繁。文化之间的冲突及其带来的一系列影响引起了学者对"跨文化适应"的关注。目前，学者为国际学生来华学习跨文化适应的研究做出了很多贡献。虽然国际学生来华学习跨文化适应问题的讨论有很多，但是从积极心理学的角度思考国际学生如何适应的研究却不多，现实中，较多的学校又缺乏对国际学生教育的科学管理，对他们的文化适应问题缺乏应有的重视和解决途径。

（1）研究视角方面，过去的研究从消极心理学视角出发，重点探讨对心理问题的选择，较少关注问题的实际解决途径。本书拟从积极心理学视角出发，调查国际学生跨文化适应现状，根据调研的具体情况，提出提升国际学生来华学习跨文化适应的具体措施，以助于国际学生健康愉快地学习。

（2）研究对象方面，研究者本身的局限性和国际学生群体的特殊性，使得获得第一手资料有些困难。对于研究者而言，由于语言的限制，研究者难以对国际学生深层次的心理状况进行深入了解。而在取样方面也不能很全面，有较多的国际学生以调查会涉及个人隐私为由，拒绝参与调查，也给调查带来一定的困难，导致研究不够全面和深入。由于存在这些困难及国际学生群体的特殊性，我们更应该从专业的视角关注国际学生群体跨文化适应及心理状态。

（3）研究内容方面，现今国内针对国际学生跨文化适应的实证研究还比较零散，对跨文化适应的影响因素探索也不够全面，现有研究只是单纯考察人口统计学变量对跨文化适应的影响。研究较多的是跨文化适应策略的前因变量和结果变量，较少考虑跨文化适应水平与其他变量的关系，关于适应水平提升的实证研究较少。本书拟研究跨文化适应水平与其他变量的关系，并对适应水平提升进行实证研究，从而在考察国际学生来华学习跨文化适应的现状及其影响因素方面做出进一步的探索和完善。

（4）国际学生跨文化适应培训体系方面，目前已有的体系不完整，甚至很多学校根本没有。学校不仅应该给国际学生提供良好的教育环境，而且应该引导国际学生解决来华学习遇到的困难和心理的不适。而较多的学校采取的方式就是在汉语语言学习班上，由老师告诉国际学生在中国应该做什么，注意哪些问题，或开展一些活动使国际学生融入当地文化，虽然有一定效果，但并没有从本质上解决问题。本书研究提高国际学生来华学习跨文化适应有效的渠道，能够丰富国际学生来华学习跨文化适应的教育培训体系。

9.1.2.3 研究意义

（1）学术价值。

本书可以为地方高校国际学生来华学习跨文化适应提供理论依据。目前对地方高校国际学生跨文化适应的研究主要围绕现象的描述，并没有从现象中得出实际有效的解决跨文化适应问题的路径。本书拟采用定性和定量研究相结合的方法，探索并分析地方高校国际学生来华学习跨文化适应的现状及影响因素，为地方高校国际学生来华学习跨文化适应提供理论依据。

（2）应用价值。

第一，引起相关管理部门重视地方高校国际学生管理工作。现今国际局势紧张，加上疫情的影响，国家在国际学生教育上投入了大量的资金，设立了政府奖学金和海外的孔子学院。这些举措吸引并选拔了一大批国际学生来到中国接受教育。如果国际学生来华后，不适应中国的学习环境而导致一些消极的后果，这可以说是中国教育投资的失败，也不利于国家形象的树立和国家影响力的提升。

第二，提供西部地区高校国际学生心理健康教育新途径。西部地区高校国际学生来华学习过程中遇到文化适应障碍的问题亟须得到解决。而过去的研究提供的解决方法在可操作性、可干预性和可开发性上并不十分有效，也不成系统。本书拟在充分了解西部地方高校国际学生来华学习文化适应障碍的具体情况基础上，研究提高地方高校国际学生解决跨文化适应的能力，为地方高校国际学生心理健康提供新的思路。

9.2 西部地区高等院校国际学生跨文化适应情况的调查与分析

9.2.1 调查问卷的设计

9.2.1.1 问卷的构成

为了了解国际学生的跨文化适应情况，本书以调查问卷的形式进行了针对国际学生进行调查，以发现影响国际学生跨文化适应的因素，探讨国际学生在跨文化适应中出现的困难，并据此对如何提高国际学生的跨文化适应质量提出一些建议。

调查问卷包括 4 个部分共 52 个项目。这 4 个部分是：①了解国际学生的个人基本信息，包括国籍、性别、年龄、汉语水平、在华学习的时间、先前海外生活经历以及父母中是否有中国人，本部分共包括 7 个项目；②调查国际学生在中国的生活适应情况，本部分共包括 18 个项目；③调查国际学生在中国的社会文化适应状况，本部分共包括 9 个项目；④调查国际学生在学校的学习生活适应情况和对学校各方面的态度，本部分共包括 18 个项目。

9.2.1.2 调查对象的确立

调查小组随机选取重庆工商大学、重庆大学、重庆交通大学等学校的国际学生 60 人。调查小组共发出问卷 60 份，调查对象在中国的学习时间均在 6 个月及以上。

9.2.1.3 调查的方法

关于国际学生跨文化适应的研究，研究者或者采用量化研究方法，或者采用质的研究方法，其中量化研究法占据主导地位。在实际研究中，研究者多会采用量化研究方法，以追求研究结果的客观性、科学性。然而，实际上，国际学生在个体上存在着很大的差异，量化研究方法不适合用于微观层面的深入细致的动态研究。因此，本书的调查方法采取了量与质相结合的方法。具体方法上，本书使用调查问卷、访谈法、观察法相结合的方法。

在调查时先在国际学生中进行调查问卷的发放，采用量化研究方法，通过收回的一些问卷初步预测部分结论，然后针对国际学生跨文化适应的基本情况和问卷反映的困难及其原因，再与国际学生进行个别访谈。通过一段时间与国际学生互相认识，然后利用下课或者课后单独联系的方式与国际学生进行访谈交流。因为疫情原因，许多国际学生不能来华，所以也会通过企业微信的方式与国际学生进行交流。最后对收集到的信息进行书面记录和整理。调查涉及的主题包括：来华留学的初衷与目的，在华的感受和各方面的适应程度，文化差异的感受，学习汉语的感受，对学校的学习、住宿等方面的看法和感受等。

此外，仅限于静止的问卷结果难以真实反映出他们在课堂中的状态。国际学生的学习适应状况离不开每天所处的课堂环境。因此，调查者应在国际学生上课的过程中对其进行参与型观察，上课时观察并且记录国际学生的学习情况与交流方式，同时注意教学内容的讲授方法与效果；课下和国际学生交流，进一步了解他们的在华适应情况。这么做的目的是对国际学生在学习中和课下的跨文化交际模式获得一个更加直观的信息。

9.2.2　调查问卷的统计结果

前文说明了调查问卷的构成情况，调查问卷共发放了 60 份，最后收回问卷 55 份。在下文中，构成调查问卷的 4 个部分的统计结果将逐一呈现出来。

9.2.2.1　国际学生的基本信息统计

以下是对被调查的国际学生的年龄、性别、汉语水平、在华学习的时间、先前海外生活经历以及父母中是否有中国人等基本情况的统计。这些情况可以反映出国际学生的真实情况。

从年龄结构来看，被调查者的年龄主要集中在 18～24 岁，这一年龄段的人数为 50 人，占总调查人数的 83.4%；其次是 25～30 岁的被调查者为 9 人，占总调查人数的 16.7%；31 岁及以上的被调查者很少，只有 1 人，占总调查人数的 1.6%。被调查者的年龄结构见表 9-1。

表 9-1 被调查者的年龄结构

年龄/岁	人数/人	百分比/%
18~24	50	83.4
25~30	9	15
≥31	1	1.6
总计	60	100

从被调查的国际学生性别来看，男性为 35 人，占总调查人数的 58.3%，女性为 25 人，占总调查人数的 41.7%。被调查者的性别结构见表 9-2。

表 9-2 被调查者的性别结构

性别	人数/人	百分比/%
男	35	58.3
女	25	41.7
总计	60	100

从被调查者的汉语水平来看，所有被调查者的汉语水平，本科阶段占了一半的比例，这一类学生人数为 30 人，占总调查人数的 50%；初级和中级水平的国际学生有 20 人，占总调查人数的 33.3%；高级水平的国际学生占的比例较少，共 10 人，占总调查人数的 16.7%。被调查者的汉语水平见表 9-3。

表 9-3 被调查者的汉语水平

汉语水平	人数/人	百分比/%
本科	30	50
初级	6	10
中级	14	23.3
高级	10	16.7
总计	60	100

从问卷调查中的国际学生在华学习时间来看，来华时间在 1~2 年的人数最多，为 40 人，占总调查人数的 66.6%；其次是留学 6 个月至 1 年的，有 10 人，占总调查人数的 16.7%；第三是在华学习时间在 2~4 年的被调查者，有 10 人，占总调查人数的 16.7%。被调查者的在华学习时间见表 9-4。

表 9-4　被调查者的在华学习时间

在华学习时间	人数/人	百分比/%
6 个月~1 年	10	16.7
1~2 年	40	66.6
2~4 年	10	16.7
总计	60	100

从被调查国际学生的出国留学经历来看，除中国以外未曾去过其他国家留学的人居多，未曾去过其他国家留学的人数为 55 人，占总调查人数的 91.7%；去过其他国家留学的人数为 5 人，占总调查人数的 8.3%。被调查者的出国留学经历见表 9-5。

表 9-5　被调查者的出国留学经历

先前有无海外生活经历	人数/人	百分比/%
无	55	91.7
有	5	8.3
总计	60	100

在所有被调查者中，父母中有一方是中国人的国际学生仅有 1 人，占总调查人数的 1.7%；有 59 人的父母中没有中国人，占总调查人数的 98.3%。被调查者父母的国籍情况见表 9-6。

表 9-6　被调查者父母的国籍情况

父母中有一方是否中国人	人数/人	百分比/%
否	59	98.3
是	1	1.7
总计	60	100

9.2.2.2　生活适应情况的结果统计

在进行本部分的调查过程中，问卷共设置了 18 个项目，每个项目的答案有"是""不是"和"不确定"3 项。这 18 个项目分别是：

①和中国学生交朋友；

②没有合适的地方进行娱乐活动；

③在生活中学习和使用汉语；

④找到了一份兼职工作；

⑤保持健康；

⑥习惯了中国的饮食；

⑦能够处理住、行、购物等日常问题；

⑧中国人又好又热心；

⑨能够让自己被人理解；

⑩在中国遇到歧视和偏见让我烦恼；

⑪理解中国人的交往方式；

⑫经常自己做饭；

⑬在当地可以买到自己需要的东西；

⑭中国人难以理解；

⑮中国的超市、街道、公交车太拥挤；

⑯服务部门的工作人员态度友好；

⑰在外面经常被人盯着看；

⑱克服了思乡的情绪。

以下分别是针对以上 18 个项目，并对亚洲（如韩国、日本、越南、泰国、老挝等国家），非洲（如阿尔及利亚等国），欧美（如美国、法国、俄罗斯等国）的国际学生进行的分类调查结果。

（1）亚洲国际学生的生活适应情况。

调查结果显示，亚洲国际学生在华的生活适应情况总体良好，困难一般不大。亚洲国际学生在中国语言的学习和运用、日常生活问题、克服思乡情绪等方面都没有很大困难。

第一，亚洲国际学生普遍反映困难较大的选项是：

①中国的超市、街道、公交车太拥挤（是：90%）；

②在外面经常被人盯着看（是：45%）；

③没有合适的地方进行娱乐活动（是：72%）；

④找到了一份兼职工作（不是：95%）；

⑤服务部门的工作人员态度友好（不是：50%）。

第二，亚洲国际学生普遍反映困难较小的选项是：

①和中国学生交朋友（是：95%）；

②在生活中学习和使用汉语（是：85%）；

③保持健康（是：72%）；

④能够处理住、行、购物等日常问题（是：77%）；

⑤在当地可以买到自己需要的东西（是：100%）；

⑥克服了思乡的情绪（是：80%）。

（2）非洲国际学生的生活适应情况。

调查结果显示，非洲国际学生在华的生活适应情况总体也比较良好。非洲国际学生在中国语言的学习和运用、日常生活问题、克服思乡情绪等方面都做得比较好。

第一，非洲国际学生普遍反映比较困难的事情是：

①能够让自己被人理解（不是：80%）；

②中国的超市、街道、公交车太拥挤（是：85%）；

③找到了一份兼职工作（不是：90%）；

④服务部门的工作人员态度友好（不是：65%）。

第二，非洲国际学生普遍反映困难很小的事情是：

①和中国学生交朋友（是：87%）；

②在生活中学习和使用汉语（是：90%）；

③保持健康（是：92%）；

④在当地可以买到自己需要的东西（是：100%）；

⑤中国人难以理解（不是：85%）；

⑥克服了思乡的情绪（是：85%）。

（3）欧美国际学生的生活适应情况。

调查结果显示，欧美国际学生在华的生活适应情况相较于亚洲、非洲国际学生来说，总体状况要稍微差一些。主要问题集中在中国语言的学习和运用、能够让自己被理解、中国人群对他们的注视等方面。但在和中国人交朋友、保持健康、处理日常生活问题等方面，欧美国际学生都做得比较好。

第一，欧美国际学生普遍反映比较困难的事情是：

①在生活中学习和使用汉语（不是：60%）；

②能够让自己被人理解（不是：57%）；

③中国的超市、街道、公交车太拥挤（是：90%）；

④在外面经常被人盯着看（是：82%）；

⑤找到了一份兼职工作（不是：100%）；

⑥克服了思乡的情绪（不是：80%）。

第二，欧美国际学生普遍反映困难很小的事情是：

①和中国学生交朋友（是：85%）；

②保持健康（是：68%）；

③能够处理住、行、购物等日常问题（是：74%）；

④在当地可以买到自己需要的东西（是：79%）；

⑤没有合适的地方进行娱乐活动（不是：32%）。

调查结果显示：①和中国学生交朋友；②保持身体健康；③在当地买到自己所需要的东西和处理日常住、行、购物等问题上，三类国际学生都表示没有很大的困难。三类国际学生普遍认为比较有困难的方面是：①让自己被别人理解；②中国的超市、街道、公交车太拥挤；③找到一份兼职工作。值得注意的是，在这些比较困难的问题中，"找到了一份兼职工作"一项所有学生都回答的"不是"。通过与国际学生的接触和交谈，调查者发现并不是国际学生不愿意做兼职，而是他们对中国的兼职工作情况一无所知，寻找兼职工作的渠道很少，加上我国一些招聘单位对国际学生的应聘持非常谨慎的态度，所以聘请兼职方需要国际学生的情况也比较少。

三类国际学生在生活适应情况上既表现出了共同点，也存在着国别和地区的差异性。将三个类别的国际学生的适应情况进行横向比较后发现，欧美国际学生在三个方面的适应情况普遍比亚洲和非洲的国际学生差。一是在生活中学习和使用汉语。欧美国际学生无论是在课上还是课下，都喜欢用英语与本国同学交谈。二是在外面经常被中国人盯着看。欧美国际学生的外形特征与黄种人有很大的差别，不像同属于亚洲大陆的韩国人、日本人，他们一眼就能被中国人定为"外国人"，因此有些中国人的盯视会给他们造成一定的困扰。三是思乡情绪。在克服思乡情绪这一方面，有困扰的亚洲国际学生为20%，非洲国际学生为15%，而欧美国际学生对此感到困扰的占到了80%。欧美国际学生在回答问卷中"克服了思乡情绪"这一项时，许多学生不仅回答了"不是"，而且还加了"非常想家"。

9.2.2.3 社会文化适应情况的结果统计

本部分的问卷调查共设置了9个项目，每个项目的供选答案有"是""不是"和"不确定"3项。这9个项目分别是：

①理解中国人的价值观；

②当地交通秩序较差；

③中国人不尊重别人的隐私；

④和中国人交往困难，因为不知道他们在想什么；

⑤理解中国的笑话和幽默；

⑥在中国有民族优越感；

⑦认为在中国的生活很有意义；

⑧愿意学习中华才艺，如武术、烹饪、书法；

⑨能适应中国的社会秩序。

统计三类国际学生在中国的社会文化适应情况，调查者发现对于大多数事情，三类国际学生都表现出了较强的适应性，遇到的困难比较小。而他们在社会文化交往中遇到的问题也有相似的地方。在这一方面，国际学生普遍认为比较有困难的方面是：①理解中国的笑话和幽默；②当地交通秩序差。值得注意的是，各个国家的留学生在适应上也存在自己的特点。有近60%的亚洲学生表示不愿意学习中华才艺，如太极拳、书法；而近75%的非洲国际学生和82%的欧美国际学生却表现出了愿意学习这些中华才艺。80%的亚洲国际学生和86%的非洲国际学生反映能够理解中国人的价值观，即对于亚洲、非洲国际学生来说，中国人的价值观是可以理解的，这或许与他们自身的价值观相通；而近49%的欧美国际学生则表示不太能理解中国人的价值观，即中国人的价值观与欧美人不同。此外，在对于"和中国人交往很困难，因为我不知道他在想什么"这一问题上，欧美国际学生也表现出了与亚洲、非洲国际学生的不同，这或许说明了中国人的思维和做法与亚洲、非洲的思维和做法相似，而与欧美的思维和做法有很大不同。

9.2.2.4　学习生活适应情况的结果统计

本部分的问卷调查共设置了18个项目，每个项目的供选答案有"是""不是"和"不确定"3项。这18个项目分别是：

①遵守中国大学的制度；

②你是自愿来中国学习汉语的；

③适应中国教与学的方法；

④如果有条件，你愿意延长在华学习时间；

⑤经常和老师交流思想；

⑥尽快结束在中国的学习；

⑦找到了能够帮助你的中国学生；

⑧你愿意和中国学生交朋友，学习汉语；

⑨能够应对学习压力；

⑩你愿意和其他国家的学生交朋友；

⑪住在学校的留学生宿舍；

⑫教师容易沟通，态度友好；

⑬满意你的居住条件；

⑭在学校办理相关事宜效率较高；

⑮你与同屋的人合得来；

⑯其他学生上课常迟到；

⑰你住的地方住宿费很高；

⑱你住的地方很吵，无法学习。

（1）亚洲国际学生生活适应情况。

调查结果显示，亚洲国际学生的总体适应情况很好。大多数关于学习生活上的事情都没有困难或者困难很小。而普遍反映较困难的事情则主要集中在：

①在学校办理相关事宜效率较高（不是：52%）；

②其他学生上课常迟到（是：45%）。

（2）非洲国际学生生活适应情况。

调查结果显示，非洲国际学生在中国的学习生活适应情况良好，基本没有什么困难或者困难很小。比较不适应的项目有：

①在学校办理相关事宜效率较高（不是：42%）；

②其他学生上课常迟到（是：40%）。

（3）欧美国际学生生活适应情况。

从调查结果看出，在中国高校的学习生活过程中，欧美国际学生普遍反映比较困难的事情有：

找到了能够帮助你的中国学生（不是：58）；

尽快结束在中国的学习（是：65%）。

统计结果显示，对于在华的学习生活适应状况这一方面，三类国际学生都显示出了较强的适应性，基本上没有遇到太大的困难。尤其是亚洲国际学生，在这一部分的大多数项目中都表示出了没有困难或困难很小的态度，比非洲国际学生与欧美国际学生要强一些。将三类国际学生的适应情况进行横向和纵的比较，调查者发现国际学生在学习生活适应上有以下几个问题：

①其他学生上课常迟到。

有45%的亚洲国际学生和40%的非洲国际学生对"其他学生上课常迟到"这一项用"是"做了回答；而欧美国际学生只有30%的人认为其他学生上课常迟到。调查者据此推测亚非国际学生的时间观念较欧美国际学生来说要强，对守时的要求要高一些。而欧美国际学生的时间观念相对来说则没有那么严格。

②经常和老师交流。

对此问题感到比较困难的亚洲国际学生比较多，占50%，调查者由此预测亚洲国际学生与老师的课下交流互动不是很强；而非洲国际学生和欧美国际学生在这方面则没有感到太多困难。同一国际学生班里的非洲国际学生和欧美国际学生如果生病了或者想找中国同学互学，他们往往会去找老师帮忙，而亚洲国际学生在课下很少单独找老师。

③找到了能够帮助你的中国学生。

针对这一问题，亚洲国际学生和非洲国际学生普遍反映没有困难或者困难很小。而对此感到困扰的欧美国际学生则比较多，占58%。欧美国际学生无论是在课上还是课下，都喜欢用自己国家的语言与自己国家的同学交谈。他们觉得与自己国家的朋友相处，比较好沟通。相比找中国学生帮忙，他们更愿意找自己国家的朋友帮忙，因为这样能更好地表达自己的意思。

综上所述，三类国际学生在生活适应情况、社会文化适应情况、学习生活适应情况这三方面遇到的较大困难共有下列几个：

①中国的超市、街道、公交车人太拥挤；

②在外面经常被人盯着看；

③没有合适的地方进行娱乐活动；

④没有找到兼职工作；

⑤能够让自己被人理解；

⑥在生活中学习和使用汉语；

⑦服务部门态度友好；

⑧克服思乡情绪；

⑨理解中国人的价值观；

⑩理解中国的笑话和幽默；

⑪在学校办理相关事宜效率较高；

⑫其他学生上课总迟到；

⑬找到了能够帮助你的中国学生；

⑭尽快结束在中国的学习。

统计结果还发现，在前8个属于生活适应情况方面的项目中，第3项是亚洲国际学生特有的表现，第6项和第8项是欧美国际学生独有的表现；第9项和第10项属于社会文化适应情况方面的项目，第9项是欧美国际学生遇到的突出问题；第11项至第14项属于学习生活适应情况方面的项目，第13项和第14项只有欧美国际学生反映存在困难。

9.2.3　国际学生跨文化适应的调查结果分析

从上述问卷调查的统计结果可以看出，国际学生在华跨文化适应遇到的困难既有个体因素，也有非个体因素。对结果再进行深入分析，调查者得出有几个困难可能都是由同一个因素引起的；有的困难由一个主导因素引起；还有一些困难是由两个或两个以上因素导致的。其中以欧美国际学生遇到的问题较为突出。

9.2.3.1　欧美国际学生在跨文化适应中出现的问题

（1）喜欢本国学生的圈子。

问卷结果显示，"在生活中学习和使用汉语""找到了能够帮助你的中国学生""你想尽快结束在中国的学习"，这三项是欧美国际学生普遍存在的困难。根据问卷调查统计出的这一结果再对欧美国际学生进行观察和访谈，发现欧美国际学生无论是上课、吃饭、玩耍还是课下交流或寻求帮助，都喜欢在本国学生的圈子里，而对于不熟悉的人或别国的留学生则采取不常联系、回避的态度。根据跨文化适应的社会理论可以得出，当一个人身处陌生的环境又遇到生活、学习中的各种各样的事情时，就会产生沮丧、无助的情绪。对于来到中国没多久的留学生来说，由于汉语水平还不够高，没有达到能与中国人完整交流自己想法的程度，与中国人群的人际交往圈也没有形成，对周围的一切都比较陌生，因此，与自己国家的朋友交流、寻求帮助更方便、更安全。

除了上述原因外，造成欧美国际学生在华跨文化适应中出现困难的原因可能还与文化差异的大小有关。由于语言上存在很大的差异，因此，欧美国际学生在学习汉语方面相较于亚洲和非洲国际学生来说，难度要大一些。事实也证明笔者实习时所在的班级里亚洲国际学生的汉语成绩总体要比欧美国际学生的成绩好很多。被调查的欧美国际学生大部分都是本科二年级，年龄在 17~25 岁，他们的汉语水平距离实现与中国人自由交流的阶段还有很大差距，再加上这一年龄阶段在很多事情上都需要依靠别人的帮助以及本民族的文化认同感和语言共通，使得他们选择依赖在中国同是"外国人"的自己的同胞。

（2）努力程度不够。

问卷统计结果显示，65%的欧美国际学生表示想尽早结束在中国的学习生活。针对这一问题，笔者对欧美国际学生在校的学习情况进行了观察和开放式访谈。笔者发现汉语水平相对较弱的学生大多不是因为学习不努力，而是由于对汉语学习采取了消极的态度。在课堂汉语学习过程中，国际学生对学习汉语表现出了"做一天和尚撞一天钟"的态度。他们上课时没有认真听讲，课后的作业也不按时完成。国际学生"随波逐流"的原因有很多，既有国际学生的自身原因，也有外部原因。

笔者在对其中几名欧美国际学生的访谈过程中了解到，他们在来中国留学之前已经在自己国家的大学修完了学士学位。这些国际学生对学习汉语抱着想学就学点，不想学就不学的态度，因为他们来中国留学只是抱着到国外旅游和暂时缓解就业压力的心态。其次，他们有的来中国是为了摆脱家庭的约束。

此外，通过对另外一名欧洲国际学生进行的访谈得知：由于来华的目的不够明确，该国际学生缺乏积极适应的心态，认为自己毕业后不一定会从事与中文相关的工作。所以，他上课就不太积极，常常表现出比较懒散的状态。除了上面两个原因之外，个人自身的性格，缺乏对自己的约束，缺乏自觉性，随心所欲，也导致了部分国际学生消极学习的行为。

以上是欧美国际学生在跨文化适应中存在的一些常见的问题和困难，下面笔者根据收回的调查问卷，总体分析影响国际学生跨文化适应的因素。

9.2.3.2 影响国际学生跨文化适应的因素

许多因素都会影响国际学生在我国的跨文化适应，有些因素涉及整个社会环境，如学校管理制度、文化背景差异等，有些因素涉及个体的差异，如国际学生应对新环境的知识技能、生活习惯、自我认知和个人性格等。影响国际学生跨文化适应的因素主要表现在以下四个方面。

（1）语言因素。

对国际学生来说，语言障碍是他们面临的最大也是最不容易克服的问题。语言上的困难导致跨文化适应中会出现一些问题，语言上的困难不仅影响国际学生的学习过程，而且影响他们交际的积极性和有效性，导致他们产生消极的情绪。语言困难影响国际学生对接收到的内容的理解，使国际学生难以参加学校开展的各种学术和联谊活动。所以，汉语水平影响了国际学生的人际交往，汉语水平较差的国际学生的跨文化适应状况就不太理想。汉语水平较差容易导致来华的国际学生在心理上产生挫败感，造成一系列心理问题。

（2）文化差异因素。

文化差异是影响国际学生跨文化适应的另一个重要因素。中国文化与国际学生所在国的文化往往存在着较大甚至很大的差异，这种文化上的差异，容易导致国际学生与中国学生产生距离感和陌生感，会使国际学生在跨文化适应过程中遇到许多困难。如果不能很好地克服这些困难，国际学生容易产生焦虑感、挫败感、无能感，甚至会产生抑郁情绪，从而产生接受障碍、情绪障碍等心理障碍。调查结果显示，与来自欧美的国际学生相比，来自亚洲的国际学生会因为其文化与中国文化具有一定的相通性，在跨文化适应上占有一定的优势。亚洲国家比如韩国、日本等与我国一样深受儒家文化的影响，与欧美的国际学生相比，其遇到的跨文化适应的难度就小一些。

（3）个体因素。

国际学生跨文化适应的过程和效果受到自身素质和能力的影响。这些素质和能力体现在许多方面，比如国际学生的健康情况、五官特征、肤色等身体素质；比如国际学生的社会交往能力、心理承受能力的独立性等能力；比如国际学生的专业知识、语言知识、文化知识等知识和曾经的跨文化经历等经验；比如国际学生对东道国的社会、居民的态度，诸如此类。通过分析国际学生的个体因素，并建立相应的完整档案，本书可以帮助国际学生解决在我国可能会遇到的跨文化适应问题。

（4）外部环境因素。

根据问卷调查的结果分析以及我国高校对国际学生的管理现状，笔者发现以下三个方面容易影响国际学生的跨文化适应。

一是我国西部地区高校对国际学生的管理机制。笔者在调查结果和访谈中发现，国际学生一般都非常愿意和中国学生交往，中国学生也希望和国际学生有更多的交流机会，但由于高校中的国际学生大多是与中国学生分开管理的，国际学生有自己单独的教室，与中国学生分开上课，住在单独的国际学生公寓，往往与中国学生的宿舍相距较远，国际学生接触到的也大多是自己国家的学生，他们与中国同学见面机会少，导致中国学生和国际学生的交流少，自然跨文化的交流就少。所以，目前的状况就与高校的管理机制有关。

二是单向的国际学生跨文化适应。在国际学生跨文化适应的过程中，西部地区高校更多地注重输出中国的文化，包括中国的交往方式与行为方式等，容易忽略国际学生自身的文化；高校往往更多地关注国际学生如何适应中国的生活，而容易忽略我国的学生如何去适应国际学生的文化，没有意识到应该是国际学生与中国学生互相适应的过程。为了减少国际学生在跨文化适应过程中遇到的障碍，高校也应该尽量让中方的管理人员了解、学习国际学生所在国的文化。

三是高校国际学生的管理人员队伍。我国西部地区高校国际学生的管理人员是国际学生日常生活起居的主要负责人，他们管理的效果会直接影响国际学生在华的生活状况及对我国的认可度和信任度。所以，我国西部地区高校的国际学生管理人员应该具备跨文化的意识，能根据不同文化之间的差别进行差异化的管理，包容和接纳不同的文化，制订有针对性的国际学生管理措施。

9.3　提高西部地区高等院校国际学生跨文化适应水平的建议

通过前文的分析可知，影响国际学生跨文化适应的因素分为主观因素和客观因素两类。为了提高我国西部地区高校国际学生跨文化适应的水平，帮助国际学生顺利完成学业，达到来华留学的目的，本书结合问卷调查和访谈的结果，提出如下一些建议。

9.3.1　搭建平台，推进国际学生的跨文化交往

跨文化交往的经历和经验，可以促使国际学生快速适应异域文化。本书建议高校搭建合适的平台，为国际学生创造更多的跨文化交往的机会。

9.3.1.1　搭建中国学生和国际学生趋同化管理平台

在国际学生教育的起步阶段，一些高校为了照顾国际学生群体的特殊性，常常将国际学生与中国学生进行差异化管理，为国际学生提供专门的管理机构和专门设施如国际学生教室、国际学生食堂、国际学生宿舍等。随着来华留学教育的深入发展，国际学生的规模不断扩大，国际学生跨文化适应的问题日渐凸显。国际学生与中国学生之间的差异化管理导致了彼此的隔离或者交往较少，影响了国际学生的跨文化适应。因此，高校需要构建国际学生与中国学生趋同化管理的平台，引导中外学生相互来往，促进国际学生与中国学生的频繁交流，从而不断提升国际学生的跨文化适应水平。

9.3.1.2　搭建中国学生和国际学生互动学习的平台

国际学生来华留学，最重要的是希望能够学习到更多的对他们有益的知识，国际学生不太适应以往常用的大班教学的方式，大班教学不能满足国际学生的发展需求和跨文化适应。所以，西部地区高校需要搭建国际学生与中国学生互动学习平台，可以采取一对多甚至一对一的辅导制度，组织外语水平较高的中国学生和汉语水平较高的国际学生组建学习互助小组，并将互动学习平台常态化、规范化和制度化，这样可以提高国际学生的学习积极性，促进国际学生的人际交往，提高国际学生的跨文化适应能力。

在国际学生与中国学生利用互动学习平台学习的过程中，可以利用各种手段，举办丰富多彩的活动。利用互联网，建立西部地区高校国际学生的微信群和 QQ 群等各种网络群，鼓励和帮助国际学生注册中文论坛，为国际学生的跨

文化交往做好组织管理和信息服务，通过网络平台互动学习和交往。可以建立国际学生的社团，策划与国际学生的联谊会，举办定期的外语沙龙，举办一系列的学生活动如运动会、演讲比赛等，可以给国际学生提供与中国学生交流的机会，使国际学生更多地了解中国学生的理念、交流方式，从而结识更多的中国朋友。

9.3.1.3 搭建国际学生学习中国文化的社会平台

除了上文谈到搭建中国学生和国际学生互动学习平台外，西部地区高校还应该根据国际学生的特点，依托当地的实际情况，与当地的文化主管部门联系，有计划地组织国际学生参加富有地方特色的团体活动，带领国际学生深入百姓家中，身临其境，了解当地的民俗和民风，以此来化解国际学生因在异国他乡而产生的孤独感和失落感，更好地促进国际学生适应中国文化。西部地区高校可以在我国的传统文化节日比如春节、端午节、中秋节等，邀请国际学生参与进来。同时可以根据国际学生所在国家的不同文化风俗，与国际学生共度西方的节日，促进中国学生和国际学生之间的交流。

9.3.2 培育师资，提高国际学生的教育质量

在教学过程中，教师的思维方式和使用的教学观察方法，在很大程度上会影响教育对象的学习效果和教育目标的实现。在教育国际学生的过程中，要求教师具有国际化的教育理念，采用国际化的教育方法，为国际学生的跨文化适应提供可行的路径。在调查访谈中，调查者发现部分国际学生在适应教师教学方法中存在或多或少的问题。所以，教师就需要培育出国际化的教育理念，改进教学方法，提高对国际学生的教育质量，以下几个路径可供参考：

9.3.2.1 培育国际化的师资队伍

培育出优秀的国际学生师资队伍尤为重要，因为他们是教育理念的贯彻者和实践者，是整个国际学生教育过程的主导。所以，西部地区高校需要坚持"引进来"与"走出去"相结合，最终"以我为主"，打造出既深谙中国传统文化又熟悉国外文化的国际化师资队伍。西部地区高校既需要引进一批国外知名的专家学者来我国授课，让国际学生群体感受到母体文化，传播最新的国际化教育理念，又需要选拔出一批有志于从事国际学生教育的我国教师到国外学习国际化的教育理念与教学模式、方法等，从而培养出一批优秀的国际化师资队伍，以满足国际学生的要求，在优秀教师的带领下，增强国际学生跨文化适应的能力。

9.3.2.2 尊重国际学生的个性特征，因材施教

在国外的教学实践活动中，教师与学生之间的界限不太明显，国外高校大

都采取小班教学，尊重学生的个性特征，鼓励学生发挥学习的主动性和创造性。但是，在我国的教育体制和教育实践活动过程中，由于"师道尊严"的传统文化的长期影响，我国教师的地位很高，其权威性不容学生质疑，教师与学生之间的界限明显。我国西部地区的许多高校采取大班教学，学生容易扮演被动接受知识的角色，学生的个性特征不容易得到发挥，学生学习的主动性和创造性还不够。这种观念自然也会或多或少地影响国际学生。所以，在教学过程中，西部地区高校最好采用小班教学，教师应突出其引导作用，尊重国际学生的个性，因材施教，想办法激发国际学生的学习积极性，更好地帮助国际学生缩短跨文化适应的过程。

9.3.2.3 采用适合国际学生的教学方法

一方面，国际学生的跨文化适应与国际学生的语言能力和学习能力等自身素质相关，另一方面，也与所在学校教师的教学模式和教学水平有很大关系。

（1）采用双语教学。

西部地区高校应改变传统教学中教师采用纯中文教学的方式，采取双语教学，在课堂上润物细无声地融入中国传统文化的内容，既能让国际学生感受到母语的情境，又能感受到中国传统文化的魅力，从而有利于国际学生的跨文化适应。

（2）改革传统教学模式。

笔者建议教师以博采众长的心态，主动汲取国外先进的教育理念和教学模式，改革我国传统的教学范式，活跃课堂的气氛，增进老师与国际学生之间的交流，为国际学生提供充分的表达机会。采用灵活的教学模式，激发国际学生的学习积极性，帮助他们顺利度过跨文化的适应期，从而在我国取得满意的学习效果。

（3）为国际学生提供实践的机会。

国际学生选择到我国包括我国西部地区学习，是因为他们看到了我国改革开放的成就、未来的发展以及广阔的市场。通过调查和访谈发现，大部分国际学生希望能够充分了解中国的社会现状、经济现状、历史文化以及企业的运作模式等，他们大都有着强烈的专业实践和社会实践的需求，希望能够提升自身的专业实践能力和理论水平，他们也希望通过在中国的学习，能够把中国发展的奇迹与西方的理论更好地结合起来。所以，针对国际学生的需求，西部地区高校应该为国际学生提供实习和实践的机会。例如，西部地区高校可以介绍国际学生去大型的商业活动、体育活动和展会充当志愿者，可以介绍国际学生在业余时间到外贸公司去实习实践，也可以组织国际学生参观游览，在游览过程中为国际学生介绍我国的传统文化，使国际学生在现实环境中感受我国传统文化的魅力，从而使得国际学生更加热爱并主动传播中国的传统文化。

9.3.2.4　编写适合国际学生学习的汉语教材

笔者通过调查访谈发现，来华学习的国际学生的汉语水平参差不齐，所以，需要编写适合国际学生的汉语教材。由于国际学生的汉语水平参差不齐，加之来华学习的时间长短不一，因此，有必要组织有国外生活学习经历的优秀教师编写汉语教材，甚至可以邀请一批汉语水平高的国际学生一起编写教材。在教材的编写过程中要注意以下几点：第一，注意突出汉语教材的趣味性。可以在汉语教材的编写中融入词语接龙、汉字小游戏、猜字谜等小游戏，凸显汉语教材的趣味性，吸引国际学生的学习兴趣。第二，注意突出汉语教材的层次性。因为国际学生的汉语水平参差不齐，所以在汉语教材的编写中要突出层次性，使不同汉语水平的国际学生基本上能够找到适合自己汉语水平的学习内容。第三，注意突出汉语教材的实用性。在汉语教材的编写过程中要充分考虑到国际学生所学专业的差异性，很显然，人文社科的教材与工科的教材应有差异，并且要凸显其实用性。第四，注意突出中国的传统文化。编写的汉语教材，本质上应该是属于适用性强的本土化教材，要凸显中国传统文化的魅力，编写教材的教师可以在汉语教材的编写过程中以润物细无声的方式融入中国的传统文化知识，增强国际学生对中国文化的认同感，增强国际学生对我国的认知程度，从而增强我国的国际影响力。

9.3.3　做好国际学生的思想工作

我们要高度关注国际学生的心理健康状况，西部地区高校应选派具有专业素质的班主任/辅导员，帮助国际学生完成跨文化心理适应。一般情况下，国际学生的社交圈较小，容易产生孤独感，如果缺乏情绪宣泄和倾诉的对象，就容易出现心理问题。通过调查访谈，调查者发现国际学生普遍存在思乡的情绪。由于生活环境的差异，国际学生经常会想念自己的亲人和祖国。所以，班主任/辅导员要留心国际学生的心理健康状况，最好能够及时发现国际学生的情绪波动，并及时与之沟通，提供必要的心理疏导和帮助。这样，就能排解国际学生内心的孤独感，增加国际学生的归属感。班主任/辅导员与国际学生的沟通不仅限于管理层面，还需要更多的感情投入，关注国际学生的情绪变化，关注国际学生的喜怒哀乐，必要时耐心做好心理的疏导工作。对于存在的共性问题，班主任/辅导员应在国际学生入学时提前做好心理辅导，明确指出他们在今后的学习生活中可能遇到的问题，使他们做好充分的心理准备。为了缓解前文所说的国际学生的思乡情绪，在节假日可以邀请国际学生到老师或者同学家中做客，为国际学生展示我国的美食文化，比如包饺子、包粽子、擀面条等，使国际学生在节日中感受到亲情和温暖，使得国际学生置身在温情的氛围中，就会减少国际学生的思乡情绪，帮助他们更好地进行跨文化的适应。

9.3.4 完善住宿条件，配备好针对国际学生的宿舍管理人员

9.3.4.1 完善住宿条件

笔者通过调查发现，对西部地区高等院校的住宿管理，来自不同国家的国际学生持有不同的看法。大部分国际学生来到中国后都希望能住单人间，希望有一个相对独立的空间。当然也有一些经济条件相对较差的国际学生，由于难以负担高额的住宿费，也可以接受合住的宿舍。较多的国际学生反映住宿条件不够理想，比如有的宿舍空间较小，甚至有的宿舍还缺乏相应的生活设施，有的宿舍布置不合理，有的宿舍容易受潮出现渗水现象，有的宿舍还有蟑螂等。此外，较多的国际学生反映房间的分配不合理，由于国际学生的宿舍往往是学校事先安排好的，来自不同国家的国际学生共用一间房间，他们往往会因为个人生活习惯、文化背景、宗教信仰等因素的影响而发生冲突，这就影响了国际学生在华的学习状态和跨文化适应。所以，西部地区高等院校应该根据国际学生的经济条件、生活习惯、文化背景、宗教信仰等因素，灵活地调整国际学生的住宿安排，并不断地完善住宿条件，为国际学生提供一个温馨而舒适的住宿环境。

9.3.4.2 配备好宿舍管理人员

除了不断完善国际学生的住宿条件之外，西部地区高等院校还应该配备好管理国际学生宿舍的工作人员，不断提高工作人员的素质，不断完善对国际学生的日常生活管理。比如，来自亚洲和非洲的一些国际学生有晚睡的习惯，常常晚上会出入一些校外的娱乐场所，导致回到宿舍的时间比较晚，而国际学生宿舍的关门时间往往比较早，国际学生回来后可能无法顺利地进入宿舍，常常就会和工作人员发生一定的摩擦，影响了国际学生宿舍的氛围。因此，西部地区高校需要从两个方面入手。一方面，从国际学生入手。在国际学生入学后，学校应对国际学生进行相关的教育和培训，让国际学生了解并遵守相关的纪律规定，避免国际学生与工作人员发生不必要的冲突。另一方面，从管理国际学生宿舍的工作人员入手。西部地区高校应该提高管理国际学生宿舍工作人员的选聘条件，要求工作人员懂外语，减少工作人员与国际学生交流的语言障碍。并且，工作人员入职之前应该进行必要的跨文化适应培训，并对工作人员提供

一些国际学生日常生活的管理案例，以避免工作人员与国际学生发生不必要的冲突。

9.3.5 加强对国际学生的法律法规教育

笔者通过调查发现，许多国际学生对我国的相关法律法规制度理解不透彻、不到位，甚至有的国际学生都没有去了解。这在一定程度上影响了国际学生跨文化适应的进程，所以有必要加大对国际学生的法律法规教育。

9.3.5.1 设立针对国际学生的法律教育宣传日

针对国际学生，西部地区高校可以设立专门的法律教育宣传日，在国际学生入学时举行相应的法律法规教育日活动，加深国际学生对我国相关法律法规的了解，进而有利于提高国际学生的跨文化适应能力。

9.3.5.2 设立针对国际学生的专门小组

我国西部地区高校可以根据国际学生的数量、层次、中文水平、年龄等因素，成立专业的法律教育宣传小组，专门处理国际学生在学习生活中出现的法律法律方面的问题。当国际学生出现了相关法律法规方面的问题时，专业小组应及时出动，帮助国际学生解决相应的问题，这样既能显示学校的管理服务水平，又能方便国际学生的学习生活，有助于国际学生群体的跨文化适应。

9.3.5.3 举行针对国际学生的法律知识竞赛

西部地区高校可以定期举行针对国际学生的基础法律知识竞赛活动。学校可以根据实际情况，面向国际学生，举办与基础法律知识相关的竞赛活动，相比传统的讲座等形式而言，可以采取"寓教于赛"的灵活多样的形式，避免国际学生被动地接受我国的法律法规，注重国际学生自身的主观能动性，从而为国际学生更好地了解中国提供机会。

10 中外合作办学机构 "课程思政"的"三位一体" 育人机制和路径研究

10.1 背景分析

习近平总书记指出，我国高等教育肩负着培养德智体美劳全面发展的社会主义事业建设者和接班人的重大任务，必须坚持正确的政治方向。高校立身之本在于立德树人。在国家大力推进教育对外开放的宏观战略下，作为跨境办学的中外合作办学机构，构建"课程思政"育人大格局是保证其社会主义办学方向和落实立德树人根本任务的重要途径。随着我国高等教育的深入发展，中外合作办学机构更容易受到西方文化和意识形态的渗透且更具有隐蔽性。一些大学生在维护国家利益和文化安全方面意志不够坚定，因此，中外合作办学机构要不断加强思想创新，构建"课程思政"全方位育人机制，提升思想政治教育效果。

中外合作办学机构在充分利用国外优质教育资源的同时，也受到西方发达国家的社会思想文化、价值观念、意识形态的影响。校园的国际化氛围会让一些学生对西方文化产生崇拜，造成一定程度的信仰危机、价值观偏移，不能坚定文化自信。中外合作办学机构要保证其社会主义办学方向和实现立德树人的根本任务，必须树立全员、全程、全方位育人理念，要求所有教职工都承担起育人责任，各门课程都体现育人功能，充分发挥"课程思政"的育人效应。

在高等教育国际化进程中，我国高等教育领域的中外合作办学得到了迅速发展。2002 年，全国开展了 712 个中外合作办学机构和项目。到了 2004 年，中外合作办学机构和项目发展到了 1 111 个。到了 2010 年，全国中外合作办学机构和项目已达到了1 300个左右。到了2013年，全国中外合作办学机构和项目达到了1 780个左右。截至2019年年底，全国已有27个省（区、市）开展了2 139个中外合作办学机构和项目，其中，本科和硕士层次的机构和项目为1 309个，专科层次的机构和项目为830个。在2 139个中外合作办学机构和项目中，江苏省独占鳌头，达到324个，占比为15%。

中外合作办学作为一种新的人才培养模式成为我国大学教育的重要组成部分，伴随着我国高等教育的对外开放呈快速发展的趋势。中外合作办学机构的出现，不仅促进了我国大学的办学形式向着多元化方向发展，而且使国民有了更多的受教育机会，因此，中外合作办学被誉为"不出国门的留学教育"。为国民提供这种不出国门就可享受低成本的国外先进的、高质量的教育，不仅实现了我国的大学教育从办学理念到办学体制与国外大学的对接，而且实现了从人才培养模式到人才培养方法及管理与国外大学的对接，有着十分重要而深远的意义。但是，中外合作办学机构也存在一些问题，包括本书研究的"课程思政"方面也存在着一些应引起重视的问题。

10.2 "课程思政"研究的文献综述

10.2.1 国内学者关于"课程思政"研究的文献综述

"课程思政"建设是当前高校思想政治工作的一个重点内容。目前，国内学者们对"课程思政"的研究主要集中在以下三个方面：

10.2.1.1 "课程思政"宏观层面的研究

"课程思政"宏观层面的研究，主要集中在"课程思政"建设的规律、原则、要点、理论和实践体系、机制、实现路径、评价体系等方面。

周立斌、王希艳、曹佳琪（2020）从高校"课程思政"建设的规律、原则与要点的角度，提出在高校"课程思政"建设中，必须遵循规律性，把握原则性，掌握要点性，才能取得满意的效果。根据教育学的相关原理，结合习近平总书记在全国高校思想政治工作会议上的讲话精神和东北大学秦皇岛分校"课程思政"改革的实际，本书对高校"课程思政"遵循的规律、原则及建设的要点进行了初步的探索。

刘桐（2021）从高校"课程思政"的理论构建与实现路径的角度，通过梳理高校实施课程思政建设所面临的问题，分析内外影响因素并构建理论模型，发现课程思政的建设必须依托学校顶层设计、学校相关制度的规划与完善、组织保障、评估机制、思想认识、自我效能等多元生态因素的相互交织和协同。本书在此基础上提出顶层设计、政策制度、组织保障、评估机制的创新等实现路径，有望全方位发挥"育人"功效。

张岩、宋京津、关福远（2020）从高校"课程思政"教学改革的阻力与对策的角度，研究发现现阶段高校的"课程思政"教学改革存在一定的阻力，主要表现在专业课教师参与"课程思政"教学的积极性普遍不高，从事思政教学的素养和能力不足，"课程思政"教学存在融合障碍以及"课程思政"的学习效果评价较难。三位作者提出，有效推进"课程思政"建设，应从学校层面统筹"课程思政"的设计与规划、出台"课程思政"教学改革激励政策、提升教师"课程思政"教学能力、根据专业课的特点灵活制定思政教育方法以及采用灵活形式考察学习效果等方面着力，破解"课程思政"教学改革中存在的障碍，全面发挥"课程思政"的育人功能。

邓春生、万珊、程海波（2020）从高校课程思政建设机制的角度，解析了高校课程思政的丰富内涵，探讨了当前高校课程思政研究中存在的问题，并从项目遴选机制、教师培养机制、资源挖掘机制、激励机制、评价机制5个方面论述如何构建高校课程思政建设机制。

梅瑞斌等（2021）从"课程思政"建设体系与价值典范的角度，结合东北大学秦皇岛分校课程思政建设情况，提出了基于"1核心+3机制+1目标"的课程思政建设体系构建理念。核心紧紧围绕"立德树人"，保障机制应助推"保障、实施和评价"过程有效落实，育人目标为培养德智体美劳全面发展的社会主义建设者和接班人。思政元素挖掘应该以"马克思主义原理""社会主义核心价值观"和"实现中华民族伟大复兴的中国梦"为主要价值导向，而"爱国"应作为课程思政案例构建的核心词汇。

陆道坤（2021）从课程思政评价的设计与实施的角度，提出在评价的理路上，要以学生思想政治素养发展评价为圆心，渐次延展到课程思政课堂教学评价、以课程为单位的课程思政评价、专业课程思政群评价；在评价体系上，应立足系统性并分别从学生、教学和课程视角着眼；在评价标准上，应凸显课程的建设性、教学的形成性、学生的发展性；在评价模式上，要建立目标模式与过程模式合一的学生思想政治素养评价模式、"文本评价 + 教学观察+客户评价"的教学评价模式和基于协同理念的课程评价模式；在评价结果运用上，应基于循证思路，指向"主阵地"建设即卓越课程思政体系打造，"主力军"建设即学习型、反思型、研究型课程思政教师的造就，以及"主渠道"建设即推动课程思政教学内涵式发展。

10.2.1.2 "课程思政"微观层面的研究

"课程思政"微观层面的研究，主要集中在"课程思政"建设中的教师、专业、课程等角度。

张驰（2020）从教师的课程思政建设意识及其培育角度，提出了只有准确把握教师课程思政建设意识的学理内涵，洞悉其在教学目标、教学决策、教学研究与评价标准等层面存在的问题，才能有效推动课程思政落地生根。作者指出培育教师的课程思政建设意识不能一蹴而就，既需要教师积极融入社会，主动追求教学生活的真善美，也需要高校高度重视，完善顶层设计和制度保障。

吴杨伟、李晓丹（2020）从西方霸权衰落下高校财经类专业课程思政入手，指出西方霸权衰落背景下西方敌对势力加紧对中国实施西化和分化。作者还指出高校财经类专业应积极开展课程思政建设的探索与实践，因课制宜制定课程思政教育目标，深度挖掘课程中蕴含的思政元素，优化课程思政教育内容，落实学生、教师、学校多方参与的课程思政协同育人机制，开展多样化教学设计，提升课程思政教学效果。

卞泽阳、代禧（2021）从课程思政改革下经济学课堂教学设计的角度，分析了在线教学的新情境下，推进经济学课程思政的教学改革中，须以各类经济学课程的课程思政建设目标为引领，把握核心，从教学设计开始，从整个课程的教学过程入手，从"课前—课上—课后"环节全方位构建经济学课堂的思政逻辑和改革路径。

茆健、李梓毓、杨晓丹（2021）从宏观经济学课程思政元素的挖掘及其融合的角度，基于上海海事大学宏观经济学课程思政教学改革的实践，探析了思政元素的来源及其与专业课有机融合的途径与方法。

10.2.1.3 中外合作办学的"课程思政"研究

中外合作办学的"课程思政"研究，主要集中在来华留学生的"课程思政"建设、中外合作办学如何构建"课程思政"的机制等方面。

牛百文（2019）从高校来华留学生课程思政建设与实践路径的角度，立足新时代"留学中国""深化改革开放""一带一路"等背景，分析了高校实施来华留学生课程思政的必要性与重要意义，指出了高校开展来华留学生思政教育的现状与困境，探讨了实施来华留学生课程思政建设的实践路径。

王亚雯（2020）从来华留学生思想政治教育的角度，分析了由于文化差异和思维方式的不同，留学生在学习的同时会遇到众多难题。这些难题往往是因为留学生思想方面有着严重偏差，但是思想政治教育对来华留学生来讲也存在推进困难和随意化等问题，并提出了如何有效系统地解决这些留学生的思想问题的对策。

张俊、江海珍（2020）从中外合作办学高校构建"课程思政"协同育人机制的角度，指出在国家大力推进教育对外开放的宏观战略下，作为跨境办学的中外合作办学高校，构建"课程思政"育人大格局是保证其社会主义办学方向和落实立德树人根本任务的重要途径。结合"课程思政"的内涵，分析了中外合作办学高校实施"课程思政"存在的问题，主张通过构建联动育人机制、协同育人机制、内部整合育人机制，为推进中外合作办学高校构建"课程思政"育人机制提供思路。

10.2.2　研究述评

目前，"课程思政"的研究才起步不久，还没有形成完整的理论系统和研究框架。目前的研究主要采用定性的研究方法，定量研究运用的较少。作为我国高等教育的重要组成部分——中外合作办学，其涉及的"课程思政"还没有引起学术界的足够重视。在未来相关"课程思政"的研究中，学者们可以在以上几个方面加强研究。

10.3　中外合作办学机构实施"课程思政"的必要性与重要意义

依据全国教育大会精神，中外合作办学机构实施"课程思政"是全面贯彻党的教育方针，服务中国大政外交和落实立德树人根本任务的必然要求。因此，研究来华留学生课程思政的实施意义重大。

10.3.1　有助于改变传统的思想政治教育的观念

《国家中长期教育改革和发展规划纲要（2010—2020年）》提出坚持以开放促改革、促发展，开展多层次、宽领域的教育交流与合作，提高我国教育国际化水平。2010年前后，随着"留学中国计划"的提出以及"一带一路"倡议的实施，出国留学教育与来华留学教育相互促进、共同发展。教育部的相关数据显示，2018年在华留学生人数近50万人。传统的高等教育理论认为，我国思想政治教育的对象不适用于外籍人士。但事实上，这种传统的观点已不适用于当前的高等教育发展趋势。近几年，"课程思政"的理念提出以来，我国通过吸收和借鉴世界各国高等教育的先进理念和模式，对来华留学生较多地采取了"趋同化"的教育教学管理模式，以专业课程为载体，向来华留学生介绍中国的道德规范、价值取向、思想观念、历史文化等，彰显了四个自信，所以，我国思想政治教育的对象也适用于外籍人士。

10.3.2 有助于保障我国高等教育对外开放中的社会主义办学方向

新时代背景下，尤其是后疫情时代背景下，我国面临着前所未有的复杂局面，高校意识形态领域的工作对象、工作范围和工作方式都发生了很大的变化。"课程思政"教育能坚持正确的政治方向，明确的政治立场，采用各种方式开展中国的政治、经济、法律法规、历史文化等方面的教育，通过思想、价值、道德引领，促进高校来华留学生增强对我国的理解和认同，构筑起我国高等教育意识形态领域的安全防线。总之，中外合作办学机构实施"课程思政"有助于巩固高校在意识形态领域的领导权、管理权和话语权，从而保障我国高等教育对外开放中的社会主义办学方向。

10.3.3 有助于提升我国高等教育在全球的竞争力与影响力

中外合作办学机构实施"课程思政"有利于促进我国高等教育的课程创新，加速我国高等教育事业对外开放的可持续发展。后疫情时代，我国大力发展来华留学生教育，既是不断提升我国教育的质量、国家软实力和国际影响力的必然选择；又是坚持我国教育领域的扩大开放，做强我国的教育，推进人文交流的客观要求。中外合作办学机构通过实施"课程思政"教育，整合高校内外的教育教学资源，创新课程设置和实施思路，为"双一流"高校和学科建设、为我国高等教育的国际化注入了生机和活力，有助于提升我国高等教育在全球的竞争力与影响力。

10.3.4 有助于讲好中国故事，构建新型国际关系

当前，我国比以往更为迫切地需要高科技人才，我国发展来华留学生教育也应该紧紧围绕"为谁培养人、培养什么样的人以及如何培养人"这个根本主题展开。中外合作办学机构在开展"课程思政"的过程中，可以精心培养好来华留学生，培养出符合我国战略需求的国际优秀人才，服务于我国参与的全球竞争与合作。中外合作办学机构"课程思政"教育在讲授文化和科技知识的同时，潜移默化地呈现了我国的智慧和方略。这样一来，来华留学生会以亲身经历者的身份传播我国的经济社会发展现状和成就，传播我国的历史文化

和风土人情，有助于讲好中国故事，传播好中国的声音，其话语更具有说服力和信服力，有助于弥补国家新闻媒体国际传播力的不足。所以，中外合作办学机构开展"课程思政"能更好地呈现出我国社会主义事业全方位建设的发展成果，有助于形成"共建、共享、发展、共荣"的全球治理体系。在全球舞台上，有利于我国合作伙伴的壮大，扩大我国的朋友圈，构建互惠互利的新型国际关系，从而促进全球的共同发展。

10.4 中外合作办学机构实施"课程思政"存在的主要问题

10.4.1 存在着西方意识形态带来的冲击和挑战

不管是我国的大学还是西方国家的大学都会对本国的大学生进行思想政治教育，但存在着中外思想政治教育的较大差别。这种差别表现为政治信仰、道德观念、历史文化、教育理念和方法、思想政治教育的基本内容、价值取向等方面的不同。所以，中外合作办学机构的大学生处于不同的知识体系、不同的文化传统环境之中，多元文化互相碰撞，其中最为明显的是中西方意识形态的碰撞，这就容易影响大学生的价值观，给中外合作办学机构的思想政治教育提出了极大的挑战，所以，中外合作办学机构的思想政治教育工作责任重大。

10.4.2 存在着不重视党建工作或党建工作不到位的现象

党的领导是建设教育强国的根本保证，同样，中外合作办学机构的党建工作也非常重要，不容忽略。并且，因为涉及合作办学的国外学校和国际学生，中外合作办学机构的党建工作也十分特殊，不同于一般高校的党建工作。中外合作办学机构一般要成立联合管理委员会，其成员由中外双方共同组成，除了中方校长担任联合管理委员会的主任保持中方的主导地位外，还有合作办学国外大学的外方代表。这就使得中外合作办学机构的代表具有不同的政治背景，有的是中共党员，而有的又不是中共党员，且大多都具有海外留学的教育背景。所以，在现实工作中有的中外合作办学机构忽视和弱化党建工作，甚至没有建立健全的党组织，也没有把党建工作纳入中外合作办学机构的整体工作规划。比如，有的中外合作办学机构的党组织不规范，组织生活缺乏；有的中外合作办学机构工作中党的声音弱化；有的中外合作办学机构的异地办学党建工作未及时衔接；有的中外合作办学机构出国学习的学生党建工作没有被重视；

有的中外合作办学机构的师生规模扩大了，但是党组织的设置没有及时调整优化等。总之，部分中外合作办学机构党建工作存在着机构不到位、人员不到位和活动不到位的情况，缺乏适合于中外合作办学机构的高素质党建工作队伍，忽略了中外合作办学机构的党建工作。

10.4.3　忽视国际学生的思想政治工作

中共中央、国务院立足于世界多极化、经济全球化、社会信息化、文化多样化现实，提出了"留学中国计划"，该计划是满足我国国际化战略人才需求的重要路径，是我国新时期进一步推进教育对外开放的战略抉择。但是，一个较为普遍的观点是：思政工作不适用于国际学生，仅仅适用于中国学生。全国范围内没有统一要求高校开展国际学生思想政治教育，许多高校来华留学教育就以专业课程讲授为主。在制定国际学生的人才培养方案时，普遍的做法是参考和借鉴中国学生相应专业的人才培养方案，常常用汉语、中国概况、中国武术、太极拳等课程取代《毛泽东思想和中国特殊社会主义理论体系概论》《马克思主义基本原理概论》《思想道德修养与法制》《中国近现代史纲要》等思想课程。汉语、中国概况、中国武术、太极拳等课程往往很少涉及"法律、制度和安全教育""思想政治""思想道德修养"等方面，也较少纳入高校课程思政实施的试点和建设中去，导致国际学生的课程思政缺乏有效的载体。由于认识上的偏差以及对国际学生思政教育工作的忽视，容易导致国际学生的道德和价值观学习教育不足，在华生活学习期间，对我国政治、经济、历史文化、社会等方面不甚了解。这些阻碍了"留学中国计划"的实施，也忽略了国际学生课程思政育人对我国外交战略的现实意义。

10.4.4　缺乏高效的课程思政教育协调机制

在国际学生的教育体系中，高校党委负责国际学生的思想政治教育和意识形态的管理，研究生院或教务处负责审核国际学生的人才培养方案，相应的学院负责国际学生的课程教学安排和实施，而国际学生的日常管理一般由国际处、国际学院、相应的学院负责。这样一来，看起来有许多部门在负责国际学生的管理，由于缺乏高效的课程思政教育协调机制，实际上管理效果不尽如人意。国际学生的课程思政在没有主要职能部门牵头的情况下，很难引起高校足够的重视并获得整体推进，工作协调机制的缺乏也容易使国际学生的课程思政工作处于无序状态。

10.4.5　课程思政教育教学体系不完善

中外合作办学机构的课程思政教育教学体系不完善主要表现在以下几个方面：第一，当前，相关课程思政教育教学的规章制度不够完善。第二，相关课程思政教育教学的评价指标体系不够完善。比如，在国际学生课程教学质量评价体系中，缺乏"价值引领""道德教育"等评价指标体系。第三，相关课程思政教育教学的配套机制不够完善。比如，围绕国际学生的课程思政框架机制、实施方案和计划、组织分工、师资配备、评估激励等配套机制缺乏。第四，相关课程思政教育教学的课程体系不够完善，缺乏相应的优秀教材。因为中外合作办学机构的学生大多有着出国的需求，一些中外合作办学机构往往会设置较多的外语课程和专业课程，隐形地压缩或者减少思想政治理论课的开设。当学生把更多的精力用于外语和专业课程的学习时，就容易忽视思想政治理论课的重要性，导致中外合作办学机构的思想政治教育边缘化。同时，中外合作办学机构也缺乏相关课程思政的优秀教材，缺乏"大课程思政"理念的教材，缺乏将价值引领和专业知识相统一的教材，缺乏将习近平新时代中国特色社会主义思想、中国国情和专业核心知识有机融合的教材。第五，相关课程思政教育教学的师资队伍不够完善。中外合作办学机构课程思政教育实施的关键在于教师，主要看他们能否发挥积极性、主动性和创造性。虽然教育部、外交部、公安部联合制定了《学校招收和培养国际学生管理办法》，对国际学生的校内管理、教学管理、社会管理等方面的师资队伍配备作了规定。但是，在实际的工作中，由于受到各种条件的限制，一些中外合作办学机构课程思政的师资队伍的培育和配备不够完善，缺乏课程思政的师资队伍，与教育部要求的"三全"育人的标准还有着较大的差距。

10.5　中外合作办学机构实施"课程思政"的"三位一体"育人机制分析

中外合作办学机构实施"课程思政"的"三位一体"育人机制是指整合育人机制、协同育人机制和联动育人机制。通过构建完善的整合育人机制，坚持党的绝对领导，让中外教师队伍全程参与，造就一支承担中外合作办学机构立德树人使命的教师队伍；通过构建完善的协同育人机制，坚持将思想政治教育工作融入人才培养的各个环节，引导学生坚守中国立场，弘扬中国文化；通过构建完善的联动育人机制，坚持思想政治理论课的主导地位，且多元主体共同参与，并对学生进行价值引领、品德涵养和理论提升。

10.5.1 坚持党的绝对领导，构建完善的整合育人机制

10.5.1.1 坚持党的绝对领导

习近平总书记指出，办好我国的高等教育，必须坚持党的领导，牢牢掌握党对高校工作的领导权，使高校成为坚持党的领导的坚强阵地，这个指导思想同样适用于中外合作办学机构。中外合作办学机构作为我国高等教育对外开放的窗口，应该也必须确立中方在中外合作办学中的主导地位，这不仅关系到保证中外合作办学的社会主义性质问题，而且关系到维护好国家的教育主权问题。加强党的领导是做好中外合作办学的根本保障，所以中外合作办学机构要牢牢地发挥党组织的政治核心作用，围绕立德树人、办学治校的根本任务开展工作。

10.5.1.2 构建完善的整合育人机制

当然，中外合作办学机构的党建工作不仅仅是党委领导的事，也需要学校管理人员和教职员工的参与，需要他们把党建工作和自身的管理工作及教学科研工作等有机地结合起来，从而构建出完善的整合育人机制。中外合作办学机构需要整合校内的专业课教师、学工队伍和教学管理人员，构建由专兼职教师组成的优秀思想政治教学团队，形成相互支撑、协调一致的师资队伍，扩大思想政治教育的辐射范围，将思想政治教育融入工作的每个环节。同时，中外合作办学机构需要不断提升专业课教师、学工队伍和教学管理人员的思想政治育人意识和思想政治育人能力，为他们提供外出学习和培训的平台和机会，助力思想政治教育课程体系建设的教学和研究工作，从而造就出有崇高理想信念、高尚道德情操、扎实专业知识、奉献精神的师资队伍，从而共同承担起中外合作办学机构立德树人的光荣使命。

10.5.2 坚持三全育人，构建完善的协同育人机制

10.5.2.1 坚持三全育人

中外合作办学机构的学生中，既有中国学生，也有不同文化背景的国际学生，中国学生与外籍教师、国际学生交流的机会很多，部分中国学生还会到国外大学去学习。同时，中外合作办学机构的教师与行政管理人员，既有中国教师与行政管理人员，也有来自国外的外籍教师和行政管理人员，相互之间交往的机会也很多。所以，在这种中西方文化交融和碰撞的环境中，无论是教育和

行政管理的理念、教育和行政管理的方式、办事流程等都会出现因文化背景差异带来的诸多摩擦。这就要求中外合作办学机构坚持三全育人，充分利用各种教育载体和手段，深入挖掘育人的要素，积极构建中外教师、中外行政管理人员和中外学生相互沟通交流、相互融合的三全育人体系。

10.5.2.2 构建完善的协同育人机制

中外合作办学机构处在中西方不同的历史文化、意识形态、政治制度的交汇点上。思想政治教育要着力培养和引导学生理解自身的立场和处境，加强学生对中国文化的理解和认知。要发挥中外合作办学机构的党政领导、思想政治教师、哲学社会科学等领域相关教师在教育体系中协同育人的主体作用，构建完善的协同育人机制。总之，中外合作办学机构只有实现各项工作同向同行、互联互通、协同协作，使思想政治教育工作有效地融入人才培养的各个环节，才能增强外籍教师对中国文化的认可，才能引导学生坚守中国立场，弘扬中国文化，坚定文化自信，自觉抵御西方文化的渗透和腐蚀，提升爱国情怀，增强民族自豪感。

10.5.3 坚持思想政治理论课的主阵地，构建完善的联动育人机制

10.5.3.1 坚持思想政治理论课的主阵地

习近平总书记曾在学校思想政治理论课教师座谈会上指出：思想政治理论课是落实立德树人根本任务的关键课程。这就明确了思想政治理论课在高校包括中外合作办学机构立德树人过程中的地位。中外合作办学机构的最终目标是培养中国特色社会主义合格的建设者和接班人，培养出来的人才要符合国家发展的需要。所以，必须加强中外合作办学机构的思想政治工作。其中，思想政治理论课是中外合作办学机构落实立德树人根本任务，对学生进行价值引领、品德涵养和理论提升的主阵地。中外合作办学机构扎根中国大地办教育，要使教育真正做到"四个服务"，即"为人民服务，为中国共产党治国理政服务，为巩固和发展中国特色社会主义制度服务，为改革开放和社会主义现代化建设服务"，而实现"四个服务"离不开思想政治理论课的助力。

10.5.3.2 构建完善的联动育人机制

中外合作办学机构开展大学生思想政治教育，一方面要充分坚持思想政治理论课的主阵地，另一方面也要充分发挥其他课程如专业核心课程和选修课程的重要作用。中外合作办学机构要妥善处理好思想政治理论课、专业核心课程和选修课程之间的关系，要改变原有的思想政治理论课、专业核心课程和选修课程之间各自为政的情形，强化思想政治教育全过程和各学科全视野的系统规

划和整体推进，构建完善的多元主体共同参与的联动育人机制。所以，中外合作办学机构一方面要坚持思想政治理论课的主阵地，以思想政治理论课为引领，挖掘专业核心课程和选修课程的思想政治教育的元素，使思想政治理论课、专业核心课程和选修课程同向同行，形成联动效应。

　　具体而言，中外合作办学机构的思想政治理论课应该海纳百川，充分借鉴和汲取专业课和选修课在教学理念、教学方法、教学范式等方面好的经验和做法，以思想政治为引领，引导学生以专业的精神学习思想政治理论课的内容。而中外合作办学机构的专业课主要是借鉴国外合作大学的教学理念、教学内容、教学方法、教学范式等方面好的经验和做法，同时，要根据不同学科的性质和特点，结合我国的实际和本土化情景，挖掘各专业课程中蕴含的思想政治教育元素，融入思想政治育人的内容。在中外课程设置、教师选聘以及教学方式方法等方面，强化政治方向，把爱国主义、民族情怀等思政元素渗透到专业课程的教学中去，帮助学生树立四个自信。

10.6　中外合作办学机构实施"课程思政"的路径分析

10.6.1　应对西方意识形态冲击和挑战的路径

　　针对中西方意识形态的碰撞给大学生带来的价值观影响。中外合作办学机构的思想政治教育工作的重点是培育学生形成社会主义核心价值观，对学生进行爱国主义教育，同时又向学生进行中西方意识形态的比较教育，在对比中让学生体会到社会主义制度的优越性，坚持"四个自信"，教会学生正确对待西方的意识形态。中外合作办学机构要帮助学生更好地了解西方的历史文化，以便他们将来更好地适应国外的学习和生活。对已经出国学习的学生，要利用互联网，通过QQ、企业微信、微信、微博等多种形式和他们保持联系，从思想上和生活上多关注和关心他们。

10.6.2　应对不重视党建工作或党建工作不到位的路径

　　党中央对思想政治工作高度重视，要求高校坚持以习近平新时代中国特色社会主义思想为指导，深化教育的对外开放，服务国家外交发展的大局，所以，要提高中外合作办学机构对实施课程思政教育的政治站位。在现实工作中，首先要把党建工作纳入中外合作办学机构的整体工作规划之中，建立健全党组织，严肃组织生活，对异地办学的中外合作办学机构的党建工作要及时衔接，重视中外合作办学机构出国学习学生的党建工作，与国外的学生党员进行网络联系，使国外的学生党员通过视频参加国内支部大会和党支部的其他活动，感受到学校与祖国的温暖与关爱，传递无国界的爱心，更激发学生对祖国的热爱，使思想政治教育工作收到事半功倍的效果。总之，要坚持党对中外合作办学机构工作的绝对领导。

10.6.3 应对忽视国际学生思想政治工作的路径

首先，做好中外合作办学机构的课程思政教育顶层设计。中外合作办学机构的党委书记和校长作为实施课程思政教育的第一责任人，应深刻领会并贯彻实施中共中央、国务院、省市相关精神，充分认识到实施高校国际学生课程思政的深远意义，带头推动国际学生的思想政治工作。同时，中外合作办学机构要改变传统的观点，要知道思政工作不仅仅适用于中国学生，也适用于国际学生。在制订国际学生的人才培养方案时，要因材施教，专门制订适合于国际学生的人才培养方案，在开设的课程中，要涉及"法律、制度和安全教育""思想政治""思想道德修养"等方面的内容，甚至考虑将国际学生的课程纳入高校课程思政实施的试点和建设中。另外，中外合作办学机构要讲好中国故事，增强国际学生对中华文化的认同感。

10.6.4 应对缺乏高效的课程思政教育协调机制的路径

中外合作办学机构的党委应梳理工作思路，拓宽工作格局，考虑构建学校党委、教务处、研究生院、国际处、国际学院和相应学院的联动管理机制。学校党委可以会同研究生院、教务处、国际处、国际学院、相应的学院等相关负责人组建课程思政专项小组，负责中外合作办学机构课程思政任务的顶层设计和统筹推进及具体实施，构建出高效的课程思政教育协调机制，抓住制约中外合作办学机构发展的突出问题，充分提供制度建设、经费、师资队伍建设等方面的支持保障。中外合作办学机构的各部门、各单位依据各自的分工，分别承担实施课程思政的相关工作责任，充分发挥在课程思政建设中的作用。中外合作办学机构应组建由专业教师和班主任/辅导员构成的教书育人队伍，实现课程思政的育人实效。

10.6.5 应对课程思政教育教学体系不完善的路径

第一，建立完善的课程思政教育教学的规章制度。

第二，建立完善的课程思政教育教学评价指标体系。中外合作办学机构课程思政要抓好课堂学习，坚持知识性与价值性相统一，通过课堂知识的传授，强化德育和思想价值引领，实现立德树人的使命。所以，应建立合理的"课程思政"课堂教学和教学效果评价体系，将"价值引领""道德教育"等德育元素纳入评价体系，不断完善"课程思政"的监督和反馈机制，制定科学合理的"课程思政"考评办法和实施细则。

第三，建立完善的课程思政教育教学配套机制，建立围绕国际学生的课程思政的框架机制、实施方案和计划、组织分工、师资配备、评估激励等配套机制。

第四，建立完善的课程思政教育教学课程体系，编写相应的优秀教材。首先，可以建设一批有思政教育效能的示范和精品课程。通过这些课程，可以有效增强国际学生对中国国家发展道路和发展成就的认同感。而要建设一批有思政教育效能的示范和精品课程，则需要按照课程思政的内在要求，深入挖掘课程中蕴含的思政元素，在课程思政方案制订、课程思政建设、课堂教学中实现价值育人、知识传授和能力培养的统一。其次，可以组织汇编可承担课程思政教育的优秀教材。中外合作办学机构的教材汇编，要以党的教育方针为根本指引，坚持社会主义的办学方向，弘扬社会主义核心价值观，把服务国家战略发展作为根本落脚点，要坚持"大课程思政"的理念。汇编优秀的课程思政教材，要将价值引领和专业知识相统一，要将时代性与知识性相统一，在教材中含有时代性的元素，增加中国基本国策和时事政治教育内容。

第五，建立完善的课程思政教育教学的师资队伍。充分发挥中外合作办学机构中教师的积极性、主动性和创造性，配备中外合作办学机构课程思政的师资队伍，并加大对他们的培养力度。

第六，建立完善的课程思政教育教学的实践体系。中外合作办学机构的课程思政教育教学要坚持理论与实践的统一，可以依托当地的历史文化资源，建设好中外合作办学机构课程思政的第二课堂，重视社会实践在课程思政教育教学中的作用，提高中外合作办学机构的学生参与社会实践的主动性，进而形成符合社会主义核心价值观的道德品质。

10.7 结语

总之，中外合作办学机构自身的特点，决定了"课程思政"的实施及相关课程思政教育教学的育人机制的构建不能一蹴而就。当然，我们也欣喜地看到一些中外合作办学机构的课程思政教育教学工作取得了良好的成效，"课程思政"让中外合作办学机构更加具有独特的魅力和示范效应，能更好地培养具有国际视野，担当民族复兴大任的时代新人。

11 地方高校培养来华
留学生的探索和实践
——以重庆工商大学国际商学院为例

11.1 研究背景

在高等教育国际化的环境下，大学需要重新审视自身定位，大学也需要逐渐迈入国际化道路，扩大生源范围，不仅招收本国或者本地学生，也要积极吸引国外的优秀学生，充分展现学校的教育实力，提高国际知名度。留学生的教育任务是要培养具有全球视野和世界眼光的人才，并以此来提高高校的国际竞争力，这项任务是重要的，更是迫切的。培养大批高质量的、具有创新能力的人才需要大学建立一种文化多元、种族多样、异质性的学术和人文环境，不同的文化和思想在这里相互冲突和融合，最终建成一个思想丰富、文化气息浓厚，创新意识强烈，多文化共存的大学。

《国家中长期教育改革和发展规划纲要（2010—2020 年）》规定"进一步扩大外国留学生规模，增加中国政府奖学金数量，重点资助发展中国家留学生，优化来华留学人员结构，不断提高来华留学教育质量。"《留学中国计划》提到，2010—2020 年，我国留学生规模快速增长，2020 年我国留学生的数量已达 50 万人次。

留学生教育规模是指外国留学生在某国、某大学学生总数中的比重。数据表明部分美国著名高校国外留学生比例非常高，2003 年，美国有十几所一流大学的留学生占比超过 15%，有 100 多所学校国外留学生超过 1 000 人。在这些留学生中，研究生、博士生这类高级人才所占的比例更高，达到了 25%。英国留学生在一些高校中的比例甚至超过了 30%。

重庆市为贯彻落实"314"总体部署，全力提速国际化进程，提出并正在建设"内陆开放城市"。因此，重庆市对各发达国家的经济、政治、文化交流规模、层次、领域将呈现高速增长，除了面向中国学生培养国际化人才之外，如何吸引和培养来华留学生，便成为重庆高校面临的新挑战。

目前，重庆高校的来华留学生教育有了一个良好的开端，重庆来华留学生规模在 2003 年仅为 159 人，2007 年达到了 1 152 人，2014 年为 6 127 人，2018 年为 9 530 人，呈现出逐年增长的态势。尽管重庆市留学生数量逐年增加，但相比其他直辖市及中东部大城市，重庆市留学生规模还是很小，在全国来华留学生总量上的比例很低。据统计，2018 年共有来自 200 多个国家和地区的 492 185 名各类外国留学人员在 31 个省（区、市）的高等学校、科研院所和其他教学机构中学习（以上数据均不含港、澳、台地区）。所以，2018 年，重庆市留学生规模还是很小，在全国来华留学生总量上的比例仅为 1.9%。

2018 年京、津、沪、渝四个直辖市留学生人数如下：北京市为 80 786 人，上海市为 61 400 人，天津市为 23 691 人，重庆市为 9 530 人。重庆市留学生人数还没有达到 1 万，而另外 3 个直辖市最低都超过了 2 万。2018 年，重庆市留学生人数仅为北京市的 11.8%，上海市的 15.5%，天津市的 40.2%。最近几年我国教育水平有了很大的提高，来我国留学的海外学生数量不断增加，许多城市（省份）的留学生数量都跨入了万人级别。重庆留学生规模不仅小于北京、上海等直辖市，就是与西部的云南省（吸引到留学生 19 311 人）、广西壮族自治区（吸引到留学生 15 217 人）、四川省（吸引到留学生 13 990 人）、陕西省（吸引到留学生 12 919 人），东北的辽宁省（吸引到留学生 27 879 人）、黑龙江省（吸引到留学生 13 429 人）相比都有一定的差距。

重庆接收留学生的高校有 17 所，但留学生在各高校中的分布严重不均衡，并且呈加剧趋势。目前大部分留学生分布在重庆主城区的各个高校。相关资料显示，2018 年，来渝留学的留学生主要集中在重庆大学、西南大学、重庆师范大学、重庆医科大学、重庆工商大学、重庆交通大学 6 所高校，占到了留学生总数的 80% 以上，而距离主城较远的普通高校则对留学生的吸引力小，留学生数量非常少。6 所高校之一的重庆工商大学，接收的来华留学生规模偏小，扩大留学生的规模任重道远，因此，需要寻找其中的原因。根据重庆工商大学的实际，找准适合重庆工商大学接收来华留学生规模的定位，探索逐步扩大重庆工商大学来华留学生规模的对策，对加快学校的转型升级、提升学校的国际化教育水平、增加学校的知名度和美誉度都有着很大的作用。

11.2 文献综述

11.2.1 扩大留学生规模的思想观念研究

《天津市高校国际化资源共享平台建设》一文中提到高校未来发展的重要标志之一就是"国际化",它对推动我国高等教育的国际化,提高天津市的高校国际化水平,吸引更多留学生到天津进行深造,具有重大意义。该文分析了影响留学生选择来津的因素,其中重点提到了天津市高等教育的整体水平、高校师资力量、留学生申请的专业的教学实力。这三个因素本质上决定了一个城市留学生教育的水平、质量、规模、发展方向及道路。该文论述了影响留学生选择天津的三个重要因素。

潘芳芳在《发挥优势,积极作为,大力推进北京来华留学生事业发展》中指出,北京市教育委员会近年来在推进外国留学生事业发展方面做了积极的探索和实践。北京市留学生发展呈现两个态势:一是规模逐年增大,二是结构不断优化。此文特别强调了地方政府在来华留学生教育中的主要作用,文章指出,《国家中长期教育改革和发展规划纲要(2010—2020年)》和《留学中国计划》的颁布,标志着留学生教育的发展进入新的、更高的阶段。这给留学生到中国留学提供了难得的发展机遇,同时也提出了更新、更高的要求。地方政府教育部门在来华留学事业发展中发挥着承上启下的重要作用,对来华留学事业的整体发展至关重要。我们认为,地方政府在来华留学教育中的主要任务是政策引领、资源支持和服务助力。因此,地方政府一是要有清晰的发展思路,二是要有强有力的推进措施,三是要建设一支得力的工作队伍。此文不仅介绍了北京市扩大来华留学生规模的数量和类型发展情况,更重要的是强调了把来华留学生工作作为北京市的一项重要事业。

周勤华、杨伟人在《"十二五"上海来华留学生工作关键问题刍议》一文中,回顾了上海来华留学生教育在"十五""十一五"期间快速发展的过程,同时指出,"十二五"是上海来华留学生事业承上启下、继往开来的五年,也是《国家中长期教育改革和发展规划纲要(2010—2020年)》和《上海市中长期教育改革和发展规划纲要》逐步落实和取得硕果的重要时期。同时,上海也提出了"继续扩大规模、不断优化来华人员结构"的留学生工作要求。据有关机构的预测,未来十年我国留学生规模将快速增长,仅上海一个地方的增长量就将是现在上海市留学生数量的3倍左右。京、津、沪等按照《留学中国计划》，着眼于本市的经济社会发展提出了扩大来华留学生规模的思路和计划。

11.2.2 关于扩大来华留学生规模的方法措施研究

这一方面的研究包括生源拓展、特色教育、扩大经费来源等。在关于扩大来华留学生的方法措施研究中，多数高校目前已初步达成一定的共识，即未来近 10 年的留学工作重点应放在规模发展上。

徐晶在论文《俄罗斯远东地区生源调查》中细致深入地分析了黑龙江的"天时""地利"，预测了俄罗斯远东地区留学生生源发展的趋势。作者认为，俄罗斯远东地区汉语教育的历史基础深厚，应充分利用地缘优势，变边境省份的区域劣势为区域优势，实现优势互补，促进汉语和汉文化的传播交流，开创符合区域特色的教育课程，开辟新的发展交流路径。渝新欧铁路大通道的开通，中央关于新的丝绸之路的部署，对重庆面对中东欧国家扩大来渝留学生是一个新的机遇。

如何加强留学生管理，部分研究者把研究的视野扩展到海外，对其他国家的外国留学生管理制度和具体做法进行了研究。比如江南大学朱晋伟《日本高校的留学生教育支持系统及启示》以日本一桥大学为例，分析了一桥大学的教学支持体系、经济支持体系、生活支持体系、社会医疗保险支持体系和社区留学生服务支持体系。朱晋伟认为，应重视教育支持系统的建设，建立校内的教学支持体系和社会化的服务体系，同时关注留学生的精神和生活。日本高校的这种以大学为主题，社区和社会联动的立体式留学生教育支持系统非常值得我们借鉴。

一些海外学者也在研究中国的留学生工作。2009 年 10—11 月，Filicity Fallon（澳大利亚国际教育交流学会主席）在北京、天津、上海三地 14 所高校做了一个月的访谈调研，重点了解中国大学对外国留学生教育发展提供的各种支持和服务，从海外专家的角度对我国高校目前的留学生教育给予了积极的评价，并从自身角度提出了一些不足之处。Filicity Fallon 认为，在信息提供、文化适应、国际学生组织、英文授课、留学生教学和管理人员的培训等方面，中国高校有较大的提升空间。

郭秀晶、王雾霞的《来华留学生高等教育的政策分析与制度变迁》认为，从来华留学生高等教育的发展历程来看，吸引留学生来华接受教育的重要原因是制度的变迁和创新及其所塑造的制度环境的变化。但是，目前我国留学生教育发展道路的定位并不是十分清楚，同时国家的相关政策也不是十分完善。想要确保我国留学生教育的良性发展及留学生规模的不断扩大，构建起完善的方针政策甚至是相应的国家制度，必须首先解决这些问题。文中所阐述的吸引海外学生来华学习，不断扩大留学生规模，颁布相应的方针政策，实现来华留学高等教育制度的良性发展对重庆市扩大来渝留学生规模，遵循高等教育消费市场规律有指导意义。

许多调查表明，国家的一些留学生政策并没有被贯彻实施，在执行的过程中存在诸多问题，许多学者仔细分析了存在的主要问题，提出了许多宝贵的建议。尤其是在政策执行的问责制度的缺乏，执行机构的政治素质和执行能力欠缺，影响政策执行的国际政治、经济发展环境等方面，文章提出了以制定明晰的来华留学生政策为基础，以建立顺畅的信息沟通为渠道，以强化评估机制为动力，以完善问责制度为保障的解决措施。

张舒、杨宝杰在《对于初步扩大来华留学生规模的建议及措施》一文中提出了扩大来华留学生规模的建议和措施，如积极开拓来华留学生招生途径；抓紧来华留学生教学资源和生活的建设，逐步建设全英文授课专业；抓紧来华留学生基本的生活设施和条件的建设；加快英文网页建设，加强招生宣传，扩大学校影响；建立严格的管理模式和高效的运行机制等。

钟玲、吴志伦在《重庆市来华留学生教育现状及扩大留学生规模的建议》一文中从政府职能部门和重庆市辖区内高校这两个角度提出了相关的建议。

11.2.3　关于来华留学生的管理与服务的研究

管理服务是扩大来华留学生工作的一个实际问题，管理服务好，留学生培养质量才能得到保证，管理服务好，所在学校乃至所在城市的形象才会好，反过来也会促进留学生生源的扩大。随着留学生数量的不断增加，越来越多的新问题开始出现，对高校的管理者也提出了更高的要求。

李元正在《高校留学生财务管理服务探析》一文中结合高校财务管理实际，对高校留学生财务管理，尤其是高校二级财务管理中存在的问题，进行了探讨和论述。作者认为要保证高校的相关管理部门良好的工作运行，必须建立全新的适合当下要求的管理与运行机制，规范财务行为，推进信息化财务建设，建立完善的财务管理和监督体系，防范财务风险，更新服务理念。受经济全球化的影响，高等教育业逐步迈上了全球化的道路，高等教育国际化摆上了许多国家和学校的议程。随着国际高等教育市场逐渐形成，进一步提高高校的教育质量及树立良好的国际品牌和形象，已经显得十分紧迫。如何做好来华留学生的管理与服务，文章提出了"制订入学标准，严把入学关；建立国际学生招生机构，保证生源质量；加强管理针对性，保证培养质量；建立意外情况应急机制"等一系列管理措施。

李岩松在《北京大学非学位留学项目组织形态创新实践初探》一文中介绍了北京大学结合自身的教学、科研和管理优势,通过与国外知名大学或教育机构合作,从 2001 年开展了"中国学"短期留学项目的建设。在管理和教育模式上,北京大学实行行政牵头、院系配合教学的模式。不同院系承担不同专业的课程教学,汉语教学由具有对外汉语教师资格的专任教师担任。课程设置上从单纯的汉语学习转变为对于中国经济、法律、商业等专业知识的学习,从侧重学生规模和数量的合作理念,开始了自我设计、质与量并重的合作方式,具有一定的探索性和应用性。

前些年出版的《来华留学生教育的回顾与前瞻》一书,深刻总结了 1949—1997 年我国留学生教育工作的发展情况,尤其是最近 20 年的巨大变化。借鉴发达国家发展外国留学生教育的好的做法,探讨了面向 21 世纪的来华留学生教育所面临的机遇和挑战,并提出了相应的对策。作者认为:①应该认真总结经验教训,研究和制定我国发展来华留学生教育的中长期规划;②应该切实加强领导,各省(区、市)也要制定相应的规划和实施意见以确保全国计划的落实;③要加大对来华留学生教育的经费投入,建立留学基地,适当调整专业,加强师资和管理队伍的培训和提高;④做好来华留学生管理和服务的社会化研究和试点工作;⑤加强并重视来华留学生学成回国后的跟踪服务,巩固培养成果。

11.2.4 文献研究述评

虽然学术界已经认识到增加来华留学生数量,提高高校国际化水平的重要性,也已经有了许多相关的研究,但是大多数的论述还不够细致深入。在已有的研究文献中,大多的研究集中在一个整体区域,对于某一具体的地方高校扩大留学生规模的研究相对较少,所以,本书以重庆工商大学国际商学院为研究对象,探讨其对来华留学生的培养与实践。

11.3 重庆工商大学国际商学院培养来华留学生的理念

重庆工商大学国际商学院(下文简称国际商学院)成立于 2000 年 8 月,是经教育部第一批复核批准的非独立法人的中外合作办学机构,是中国西南地区第一个多方位、多层次培养高层次创新型国际化商务人才的中外高等教育合作与交流机构，曾获评重庆市人才培养模式创新实验区，在校学生1 600多人，留学生约300人。经过多年的探索和实践，国际商学院依托中外合作办学机构的优势，总结出了培养来华留学生的有效路径，并取得一定的经验和成果。

实践证明，"开放办学"是培养来华留学生的基本理念。"开放办学"的基本内涵是高校必须始终围绕经济社会主体的要求，通过引入和整合优质教育资源，实现内涵发展。"开放办学"主要表现为向国内外企、事业单位开放和向国内外高等教育机构开放。"开放办学"从发展的观点看有从单向开放到双向开放、局部开放到全域开放、非对等开放到对等开放的演进过程。

作为西部地方普通高校的二级学院，国际商学院依托中外合作办学机构的优势，经过长足的发展，已经从"走出去"的初级阶段发展到"走出去，引进来"，培养来华留学生成为国际商务人才的阶段。表11-1为国际商学院的合作大学与合作项目。

表11-1　国际商学院的合作大学与合作项目

国家	合作大学	合作项目	留学生项目
法国	蒙彼利埃大学	2+2	√
	蔚蓝海岸大学	2+2	√
	里昂二大	2+2	√
		4+2	√
	马赛大学	2+2	√
		4+2	√
	布尔日教育集团	倒2+2	√
	法语联盟（巴黎）	暑期夏令营	√
英国	女王大学	4+1	√
	卡迪夫城市大学	4+1	√
	林肯大学	4+1	√
加拿大	韦仕敦大学	2+2	√
		"海外校园"计划	√
	蒙特利尔大学高等商学院	2+2精英项目	√
		"海外校园"计划	√

表11-1(续)

国家	合作大学	合作项目	留学生项目
美国	滑石大学	"海外校园"计划	√
	韦德恩大学	"海外校园"计划	√
泰国	泰国乐德纳可信皇家理工大学	倒2+2	√

国际商学院根据国内外,特别是重庆市的发展要求,以及来华留学生的职业发展要求,引入和整合优质教育资源,依托法、英、加、美4个国家多所高校和教育机构与学院合作项目,探寻五个有效的培养路径,培养具有国际视野和创新精神,专业基础扎实,通晓中国经济、政治、文化知识,具备一定汉语交流能力的留学生。国际商学院培养模式如图11-1所示。

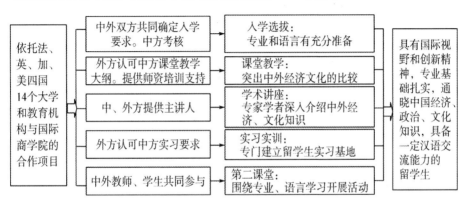

图 11-1　国际商学院培养模式

11.4　重庆工商大学国际商学院培养来华留学生有效路径的具体实践

11.4.1　有效路径之一:确保留学生入学前专业和语言的充分准备

国际商学院与多所国外合作大学协商确定来华留学生入学要求,并成立考核委员会进行考核。三个方面的考核要求具体如下。

11.4.1.1　专业学习准备

留学生来华之前(拟就读大学本科三年级或研究生一年级),应具备如下的专业知识与能力:在本国大学学习经管专业至少2年或已取得本国经管专业学士学位，初步掌握管理学、经济学等方面的基本理论与基本技能；初步了解中国商务政策、法规及企业环境，同时了解国际商务惯例与规则，具有一定的从事文化交流管理工作的能力。

11.4.1.2 语言学习准备

留学生来华之前，应具备一定的汉语基础，至少学习汉语达 300 学时，并能运用汉语进行日常交流。

11.4.1.3 文化认知准备

留学生来华之前，应较为了解中国文化，并对中国与其所在国文化的异同有一定的知晓，能够认同中国文化，从而能为其在中国的学习提供较为熟悉的文化氛围。

11.4.2 有效路径之二：突出中外经济与文化的比较和交融，优化教学活动

留学生在华学习期间，学院从培养方案、教学内容、教学方法、学习效果评价四个方面针对留学生的职业发展要求组织教学。

11.4.2.1 与国外合作大学共同制定培养方案

国际商学院与国外合作大学共同设计培养方案，围绕培养的目标，突出中外经济与文化的比较和交融。下面是国际商学院与法国高校共同制定的培养方案。

11.4.2.2 专业理论教学重在差异化，专业实践教学体现趋同化

留学生教学内容主要由三个部分构成。

（1）专业教学内容：突出中外经济与文化交融。

国际商学院设计的许多专业课程，如《法资企业在中国》《中外经济及企业发展现状》《中国金融》《中国资本运作与贸易》《旅游文化》《中国商法》等，体现出中国的经济、文化与来华留学生所在国经济、文化的对比，留学生在对比中感悟，在感悟中实现交融。

（2）语言教学内容：强调汉语的学习与沟通。

留学生在华期间，每学期都开设有汉语课，每周的汉语课时达到 6~10 节，强化留学生的汉语学习，要求留学生能够比较流利地运用汉语进行交流，并且要求留学生在毕业前通过汉语语言等级考试，也要求留学生能够用汉语完成毕业论文摘要。

（3）实习实践内容：重在体验中国的经济与文化。

留学生每学期都可以选修体现中国文化的课程，如武术、烹饪、针灸、书法等实践性很强的课程；留学生每学期可以参加 3~5 次企业见习参观活动；

留学生必须完成为期1~2个月的企业实习。

11.4.2.3　教学方法部分采取国外大学的通行做法

结合留学生的个人特点，国际商学院通过实施研究性学习模式、现场教学等教学法，培养学生的专业理论功底和实践能力。如讲授《中国资本运作与贸易》时，授课教师采用"移动课堂"的方式，带着留学生到企业去实践。

11.4.2.4　实施学习效果评价模式的改革

对留学生学习效果的评价不能照搬传统的模式，因此，学院设计了"三效果、四等级"的评价模式。

"三效果"是指学院从三个方面考察学生的学习效果，即专业学习效果、汉语学习效果和实习效果。"四等级"指优、良、中、差四个等级。对留学生的考核方式不拘一格，以考核学生的能力为导向，注重实践表现。

11.4.3　有效路径之三：举办学术讲座(英语、法语)，深入介绍中外经济与文化

留学生在华期间，国际商学院举办了使用英语、法语讲授的学术讲座。

11.4.3.1　国内外专家学者的讲座

国际商学院借用"欧洲研究中心"平台，邀请国外合作大学和国内知名学者来院交流。国外的学者主要涉及与国际商学院合作的国外大学，如图卢兹一大、里昂二大、加拿大蒙特利尔高等商学院、英国林肯大学、伦敦城市大学等大学的学者。同时，国际商学院也邀请了许多国内著名高校的学者，就留学生在华期间所关注的专业问题进行充分的交流。

11.4.3.2　政府官员的讲座

国际商学院为来华留学生邀请了国外合作大学所在地的政府官员、驻华使领馆官员、我国教育部的有关官员及地方政府官员，就留学生所关注的留学政策、在华期间应注意的重大事项、中外经济文化的差异等问题进行探讨。

11.4.3.3　企业家的讲座

国际商学院在国内多家企业建有实习基地，会定期邀请这些实习基地的老总就有关企业经营管理等方面的话题与留学生进行沟通。除此之外，学院还会邀请优秀的校友企业家为留学生开设讲座。

11.4.4　有效路径之四：专门建立留学生实习基地，留学生实习1~2个月

在华学习后期，留学生要在中国进行1~2个月的实习。国际商学院为留学生建立了较多的知名实习基地，如建设集团、力帆集团、宗申集团、鑫源摩

托、金夫人、希尔顿酒店、宏信软件、海外旅行社等。实习基地为每个留学生制订了个人的实习计划，配备专门的实习指导老师。留学生在实习期间，经常参与到企业的决策和市场拓展，为中外企业的交流做出了实实在在的贡献，得到实习单位的好评。比如法国马赛二大留学生 Arnau Florian 在力帆集团进出口公司北非部进行实习，负责翻译资料和开发北非市场，对力帆的产品进行宣传，为力帆的产品进入摩洛哥市场起到了积极作用，力帆集团进出口公司对该生给予了很高的评价。

11.4.5　有效路径之五：围绕专业、语言学习和文化认知开展第二课堂活动

留学生在华学习期间，除了课堂教学外，国际商学院围绕专业、语言学习和文化认知为他们提供了丰富多彩的第二课堂活动。

11.4.5.1　国际商学院开展的第二课堂

国际商学院开展的第二课堂有"IBS 家园"Home‐Stay，1＋1 中外学生"学习伙伴"活动，英语角、法语角、汉语角（每周一次）等。

11.4.5.2　国际商学院与学校联合开展的第二课堂

国际商学院与学校联合开展的第二课堂有"走进工商大、感知新重庆"活动，"中国文化体验计划"活动，"体验中国家庭"活动，"来华留学生汉语比赛"等。

11.4.5.3　国际商学院与社会各界联合开展的第二课堂

国际商学院与社会各界联合开展的第二课堂有"红色文化体验和参与计划""体验中国西部新农村""重庆传统建筑艺术""重庆知名企业的参观及调研"等。

11.5　重庆工商大学国际商学院培养来华留学生的成效

通过多年的探索和实践，国际商学院已经培养来华留学生 400 名；派出十几名中国教师到合作大学进行学历或课程教学培训；有关教学内容、教学方法、评价模式等取得的成果广泛应用于国际商学院本科教学；留学生在课内外多种途径和平台与中国学生共同学习、共同进步，开阔了中国学生的视野，促进了文化交流和学习交流；来院留学生人数呈现逐步上升的趋势，提高了学院国际化水平和知名度，进而促进了学院开展新的国际交流与合作。

11.5.1 留学生升学、就业情况良好

截至 2019 年年底，国际商学院累计招收来华留学生约 200 人次（见表 11-2）。

表 11-2　国际商学院来华留学生人数统计简表（国外合作大学）

单位：人

年度	学校					合计
	马赛	多姆	布尔日	里昂	哈桑一世大学	
2007—2008 年	6	0	0	0	0	6
2008—2009 年	6	0	0	0	0	7
2009—2010 年	5	5	0	0	0	10
2010—2011 年	10	7	0	0	0	17
2011—2012 年	9	11	3	0	0	23
2012—2013 年	7	7	3	2	0	15
2013—2014 年	15	15	0	0	0	30
2014—2015 年	16	3	0	1	0	20
2015—2016 年	11	0	0	0	0	11
2016—2017 年	4	0	0	0	0	4
2017—2018 年	8	0	0	0	0	8
2018—2019 年	6	0	0	0	7	13
合计	103	48	3	3	7	164

以法国留学生为例，该国留学生毕业后选择回国继续深造或者国际范围内就业，升学率达到 100%，就业率达到 95% 以上，多在跨国企业工作，如法国电力公司、法国兴业银行、拉法基、苏伊士水务、家乐福等，有一些还在法国公司驻中国的办事处或机构工作，对法国公司的本土化管理和市场运作起到了很重要的作用。

11.5.2　提升了教师的教学能力和水平

国际商学院中外师资队伍教学能力和水平逐年提高，在国内尤其是在西南地区独具特色。国际商学院的老师国际化程度高，具有跨文化能力和背景，中

西方多元文化融合。国际商学院的合作机构广泛，中外教配置和使用合理，综合素质高，很好地满足了培养留学生的需要。国际商学院近几年派出了十几名中国教师到合作大学进行学历或课程教学培训，其中大多数教师从事留学生的教学工作。

11.5.3 对国际商学院本科项目的教学质量提升产生了促进作用

留学生项目的发展对国际商学院本科项目的教学质量产生了潜移默化的影响，尤其体现在教师教学能力、教学内容和教学方法上。在教师教学能力上，担任留学生课程的教师同时担任国际商学院国内本科项目的教学，留学生的教学要求教师更加注重中外经济理论和现象的比较研究，推动教师进行有关科学研究，进而在国内本科项目的教学中进行应用；在教学内容、教学方法上需要与合作大学教师进行交流，跟踪前沿问题的研究情况，快速更新教学内容和案例，采用留学生比较习惯的国外大学的教学法，有关成果必然应用到国内本科项目中去。国际商学院任课教师的学生满意度呈现逐年提升的态势。

11.5.4 极大提升了国际商学院的国际化水平

研究表明，美国等国家的大学国际化水平较高，外国留学生占学生总数的 5%~30%，并且研究生层次的学生占留学生的人数最多，应当说已经走在了世界各国前列。尽管我国改革开放 30 年来为国外培养了几十万的留学生，但是外国留学生占学生总数的比例仍然偏低，学生学习层次偏低，学生来源国多集中在发展中国家。国际商学院留学生总数占学院学生人数的 5%，长期留学生中研究生层次的学生占长期留学生总数的 63%，来源于发达国家的留学生占国际商学院留学生总数的 95%。

留学生项目的快速发展促进了国际商学院在新的国际合作项目方面进行有选择性的拓展，增强了国际商学院对发达国家留学生的吸引力，极大提升了国际商学院的国际化水平。在国际商学院留学的学生与合作大学保持着紧密的联系，学生在国际商学院的学习生活情况能够及时反馈给合作大学。国际商学院的历届留学生对国际商学院给予了较高的评价，为申请人数规模扩大、层次提高奠定了良好的基础。

11.6 重庆工商大学国际商学院培养来华留学生中存在的问题和对策建议

11.6.1 进一步建立和完善相应的留学生管理制度

目前对留学生相关管理制度的建设还存在着不足，这样容易为留学生安全问题、教育质量等留下隐患，所以应进一步建立和完善来华留学生管理制度，如学籍管理、经费管理、信息管理、教育质量管理、住宿管理、安全管理、生活管理等。

11.6.2 课程的设置还存在着不足

目前，针对留学生教育的课程体系还不够完善，适合留学生学习的特色课程还不够丰富。在面向留学生开设的课程中，课程内容的国际接轨不够，存在选修课比重偏低、种类偏少、社会实践课偏少、课程选择自由度偏低、课程专业性和先进性不强，以及课程内容前瞻性和国际性不强、缺乏对本学科领域最新进展的关注等问题。

所以，在进一步完善培养方案的基础上，对留学生市场进行准确定位和分析，根据市场需求和留学生的个体差异，推出多元化、多选择的课程体系。在课程设置上，在满足留学生学习和发展需要的基础上，根据重庆的特色与现实发展，可设立一些相关的体验课程和选修课，如除了经济管理专业课程外，增加对重庆历史课程的设置、开设社会体验课程，通过旅游、到本地人家做客等形式感受重庆的风土人情和优美风景，使留学生亲身体验重庆的魅力。

11.6.3 中外培养模式存在差异，教学质量需进一步提高

对留学生的教学模式上，部分教师虽是海归派，但有时仍采取传统的"填鸭式"的教学模式，强调对知识的传授，忽略了对留学生批判性思维和创造性思维的训练。课堂上满堂灌的教学方式，使留学生只能被动地听，缺乏积极参与的思考活动。部分教师的授课方式相对单调，与大部分留学生在本国的多样化授课方式存在一定的差距。国外的学生已经习惯于本国自由轻松自由的课堂环境，不管是教师授课，还是学生回答问题都是相对自由和轻松的。而在中国传统的严肃、严谨、认真的课堂环境中，部分留学生会觉得课堂教学枯燥、无聊，没有激情，长久下去就会失去学习的积极性。这种以传统讲授法为

主的授课方式，与国外高校以讨论为主的课堂教学方式反差太大。

所以，教师应多运用心理学基本原理，调动留学生学习的积极性，疏导和排除消极的心理因素，激发他们的学习动机，这样对提高教学质量会有显著的作用。

11.6.4 进一步打造精通外语的"双师型"师资队伍

留学生培养成功与否，很大程度上取决于优秀的师资队伍。目前，给留学生授课的教师都是海归，外语水平较高，但部分教师还比较年轻，缺乏实践经验，这样就给留学生的教育留下了一个隐患——满足不了来华留学生对教师实战经验的要求。

所以，国际商学院应突破原有专业、院校的师资团队建设理念限制，整合重庆高校英法文授课的优秀师资，将国际、国内知名院校的优秀教师作为指导教师，以"传、帮、带"的形式促进"双师型"教师团队的形成。

参考文献

于富增，江波，朱小玉，2001. 教育国际交流与合作史 [M]. 海口：海南出版社.

王相宝，张务一，徐海，2007. 国际学生教育的回顾与前瞻 [J]. 高等教育研究 (4)：37-42.

褚雷，聂大成，2008. 来华留学生政策执行阻滞问题研究 [J]. 黑龙江高教研究 (6)：36-41.

陆应飞，2010. 澳大利亚国际教育交流学会主席费丽丝蒂博士调研报告摘编 [J]. 外国留学生工作研究 (2)：98-105.

胡漆，王剑军，尤丽芳，2011. 来华留学生专业建设及课程设置的国际化标准研究 [J]. 外国留学生工作研究 (3)：48-49.

夏清文，2012. 高校发展国际学生教育的策略 [J]. 高校教育管理 (5)：61-65.

李轶群，2012. 关于发展我国来华留学生教育的几点思考 [J]. 中国高教研究 (9)：27-29.

郭秀晶，王霁，2012. 来华留学生高等教育的政策分析与制度变迁 [J]. 北京科技大学学报（社会科学版）(24)：140-145.

付京香，叶翠英，2014. 来华留学生跨文化适应分析——以在京高校的渥太华大学留学生为例 [J]. 现代传播（中国传媒大学学报）(12)：144-145.

高金曼，2014. 河北大学来华留学生跨文化适应状况调查研究 [D]. 保定：河北大学：28-31.

贺珊，2014. 关于来华留学生跨文化适应问题的研究及其对对外汉语教学的影响 [D]. 哈尔滨：黑龙江大学：12-29.

唐祥林，2016. 近十年我国高等教育中外合作办学研究综述 [J]. 当代教育理论与实践 (8)：114-116.

孙望舟，王倩，2016. "中国国情教育"课程在留学生培养教育中的作用 [J].

重庆广播电视大学学报（8）：57-60.

程伟华，2017.“一带一路”沿线国家来华留学教育发展机遇、挑战及应对策略 [J]. 高等农业教育（3）：88-93.

魏艳，李景国，2017.“一带一路”战略背景下西部高校教育国际化的思考 [J]. 黑龙江高教研究（6）：53-55.

李军红，2017.“一带一路”背景下地方高校教育国际化发展战略思考 [J]. 国家教育行政学院学报（6）：66-71.

孙丽璐，伟乐苏，牛云涛，2017. 在华留学生文化适应研究—以重庆地区高校为例 [J]. 重庆理工大学学报（社会科学）（7）：94-95.

刘进，杨莉，2018.“一带一路”与西部高等教育发展研究 [J]. 重庆高教研究（9）：31-41.

伍宸，宋永华，2018. 改革开放40年来我国高等教育国际化发展的变迁与展望 [J]. 中国高教研究（12）：53-55.

宋永华，2018. 改革开放40年高等教育国际化回顾与展望 [J]. 世界教育信息（24）：9-10.

敖永春，陈瑞涵，陈猛，2019. 高校留学生跨文化适应研究——以在渝高校留学生为例 [J]. 大理大学学报（1）：120-123.

张燕，易红郡，2019.“一带一路”倡议下的教育对外开放—给予来华留学生的分析 [J]. 教育文化论坛（3）：70-72.

牛百文，2019. 高校来华留学生课程思政建设与实践路径研究 [J]. 开封教育学院学报（12）：212-214.

黎军，张正娟，2019.“一带一路”倡议下西部高等教育国际化发展探究 [J]. 教育与教学研究（12）：70-76.

张俊，江海珍，2020. 中外合作办学高校构建“课程思政”协同育人机制探究 [J]. 决策探索（4）：46-48.

宗晓华，李亭松，2020.“一带一路”沿线国家来华留学生分布演变与趋势预测 [J]. 高教探索（4）：91-92.

莫玉婉，刘宝存，2020. 我国高等教育国际化的发展历程与改革趋势 [J]. 河北师范大学学报（教育科学版）（4）：85-90.

李明，高向辉，于畅，2020. 高等教育国际化评估指标体系构建与思考——基于L省的实践分析 [J]. 辽宁大学学报（哲学社会科学版）（4）：174-176.

刘岩，李娜，2020. 高等教育国际化评价指标体系研判——基于9个评价指标体系的比较 [J]. 黑龙江高教研究（6）：80-81.

杨薇，王光明，2020. 日本高等教育国际化的新进展及其启示［J］．黑龙江高教研究（6）：81-83．

刘影，张优良，2020．"一带一路"倡议与中国高等教育国际化的新图景［J］．清华大学教育研究（8）：81-82．

张驰，2020．教师的课程思政建设意识及其培育［J］．学科与课程建设（9）：75-76．

曹海芩，张若开，2020．高等教育国际化相关问题研究综述［J］．赤峰学院学报（汉文哲学社会科学版）（11）：97-99．

朱治亚，王海艳，潘荣杰，2020．美国高等教育国际化竞争力研究及其启示［J］．黑龙江高教研究（12）：69-73．

马万华，2021．"一带一路"倡议与中国高等教育国际化转型［J］．北京航空航天大学学报（社会科学版）（1）：135-137．

杨慧宇，2021．新冠疫情后高等教育国际化发展趋势展望［J］．江苏高教（1）：69-72．

刘桐，2021．高校"课程思政"的理论构建与实现路径［J］．西部学刊（2）：108-110．

苗青，金波，齐天赐，2021．英国高等教育国际化及其对我国的启示［J］．黑龙江高教研究（3）：67-71．

农春仕，2021．大学国际化评价指标体系的构建［J］．黑龙江高教研究（6）：49-52．

附件

附件1　我国西部地区设立的中外合作办学机构和项目信息

1. 重庆

本科项目

中外合作办学机构：

重庆工商大学国际商学院 ●

重庆工商大学现代国际设计艺术学院 ●波兰

西南大学西塔学院（Westa College，Southwest University）▲澳大利亚

中外合作办学项目：

四川外国语大学与澳大利亚纽卡斯尔大学合作举办商务英语专业本科教育项目 ▲

重庆交通大学与英国诺森比亚大学合作举办机械设计制造及其自动化专业本科教育项目 ▲

重庆交通大学与英国伦敦南岸大学合作举办土木工程专业本科教育项目 ▲

重庆邮电大学与美国北亚利桑那大学合作举办电子信息工程专业本科教育项目 ▲

西南大学与澳大利亚迪肯大学合作举办软件工程专业本科教育项目 ▲

西南政法大学与英国考文垂大学合作举办法学专业本科教育项目 ▲

重庆邮电大学移通学院与德国海德堡应用技术大学合作举办电气工程及其自动化专业本科教育项目 ▲

重庆理工大学与韩国科学技术院合作举办电子信息工程专业本科教育项目 ▲

重庆大学与美国辛辛那提大学合作举办机械设计制造及其自动化专业本科教育项目 ▲

西南大学与澳大利亚西澳大学合作举办自动化专业本科教育项目 ▲

重庆大学与美国辛辛那提大学合作举办电气工程及其自动化专业本科教育项目 ▲

重庆理工大学与韩国科学技术院合作举办计算机科学与技术专业本科教育项目 ▲

西南大学与澳大利亚国立大学合作举办心理学专业本科教育项目 ▲

重庆第二师范学院与美国纽约州立大学新帕尔兹分校合作举办学前教育专业本科教育项目 ▲

重庆邮电大学与美国纽约州立大学阿尔巴尼分校合作举办软件工程专业本科教育项目 ▲

西南大学与新西兰奥克兰大学合作举办计算机科学与技术专业本科教育项目 ▲

四川美术学院与意大利米兰新美术学院合作举办环境设计专业本科教育项目

重庆邮电大学与英国伦敦布鲁内尔大学合作举办通信工程专业本科教育项目

重庆医科大学与英国莱斯特大学合作举办临床医学专业本科教育项目

重庆文理学院与美国北卡罗莱纳大学威尔明顿分校合作举办数学与应用数学专业本科教育项目

重庆科技学院与芬兰哈格-赫利尔应用科技大学合作举办物流管理专业本科教育项目

重庆第二师范学院与西班牙埃斯特雷马杜拉大学合作举办食品质量与安全专业本科教育项目

西南大学与美国密苏里州立大学合作举办植物科学与技术专业本科教育项目

重庆师范大学与英国知山大学合作举办生物科学专业本科教育项目

西南大学与澳大利亚詹姆斯库克大学合作举办动物科学专业本科教育项目

长江师范学院与马来西亚理科大学合作举办土木工程专业本科教育项目

四川外国语大学与法国斯特拉斯堡大学合作举办物流管理专业本科教育项目

重庆邮电大学移通学院与德国北黑森应用技术大学合作举办机械设计制造

及其自动化专业本科教育项目

硕士及以上项目

中外合作办学机构：无

中外合作办学项目：

重庆理工大学与韩国科学技术院合作举办信息与通信工程专业硕士研究生教育项目 ▲

西南政法大学与美国凯斯西储大学合作举办法律硕士研究生教育项目 ▲

2. 四川

本科项目

中外合作合作办学机构：

四川大学-匹兹堡学院（Sichuan University-Pittsburgh Institute）▲美国

西南交通大学-利兹学院（SWJTU-Leeds Joint School）▲英国

电子科技大学格拉斯哥学院（Glasgow College，UESTC）▲英国

成都理工大学牛津布鲁克斯学院（Chengdu University of Technology Oxford Brookes College）

西南财经大学特拉华数据科学学院（SWUFE-UD Institute of Data Science at Southwestern University of Finance and Economics）

成都大学斯特灵学院（Stirling College，Chengdu University）

中外合作办学项目：

四川农业大学与美国密歇根州立大学合作举办草业科学专业本科教育项目 ●

成都理工大学与英国斯泰福厦大学合作举办工商管理专业本科教育项目 ▲

电子科技大学与英国格拉斯哥大学合作举办电子信息工程专业本科教育项目 ▲

西南交通大学与美国佐治亚州立大学合作举办生物工程专业本科教育项目 ▲

西南财经大学与美国纽约城市大学巴鲁学院合作举办会计学专业本科教育项目 ▲

四川师范大学与欧洲设计学院合作举办产品设计专业本科教育项目 ▲

成都理工大学与英国牛津布鲁克斯大学合作举办会计学专业本科教育项目 ▲

西南财经大学与法国南特高等商学院合作举办市场营销专业本科教育项目 ▲

四川师范大学与莫斯科国立师范大学合作举办绘画专业本科教育项目 ▲

西南交通大学与美国俄克拉荷马州立大学合作举办安全工程专业本科教育项目 ▲

西南财经大学与伦敦大学伯贝克学院合作举办国际商务专业本科教育项目 ▲

四川理工学院与美国圣弗朗西斯大学合作举办视觉传达设计专业本科教育项目

四川电影电视学院与美国格林斯伯勒大学合作举办数字媒体艺术专业本科教育项目

成都大学与韩国嘉泉大学合作举办电气工程及其自动化专业本科教育项目

四川大学与德国克劳斯塔尔工业大学合作举办电气工程及其自动化专业本科教育项目

硕士及以上项目

中外合作办学机构：

电子科技大学格拉斯哥学院（Glasgow College，UESTC）▲

中外合作办学项目：

电子科技大学与葡萄牙 ISCTE 里斯本大学学院合作举办管理学博士学位教育项目

电子科技大学与美国韦伯斯特大学合作举办工商管理硕士学位教育项目 ●

西南交通大学与德国德累斯顿国际大学合作举办无损检测专业硕士研究生教育项目 ▲

电子科技大学与瑞典皇家理工学院合作举办集成电路工程硕士研究生教育项目 ▲

电子科技大学与加拿大麦吉尔大学合作举办生物医学工程-神经科学硕士学位教育项目 ▲

电子科技大学与法国鲁昂高等电子工程工程师学院合作举办电子嵌入式系统专业硕士学位教育项目 ▲

3. 陕西

本科项目

中外合作合作办学机构：

西北工业大学伦敦玛丽女王大学工程学院（Queen Mary University of London Engineering School，Northwestern Polytechnical University）▲

渭南师范学院莫斯科艺术学院（Moscow Institute of Arts，WNU）▲

陕西科技大学阿尔斯特学院（Ulster College at Shaanxi University of Science & Technology）

长安大学长安都柏林国际交通学院（Chang'an Dublin International College of Transportation at Chang'an University）

西安理工大学国际工学院（International Engineering College of Xi'an University of Technology）

西北大学萨兰托文化遗产与艺术学院

中外合作办学项目：

西安电子科技大学与法国南特大学综合理工学院合作举办电子信息工程专业本科教育项目 ▲

西安科技大学与澳大利亚塔斯马尼亚大学合作举办土木工程专业本科教育项目 ▲

西安航空学院与德国北黑森应用技术大学合作举办机械电子工程专业本科教育项目 ▲

西安电子科技大学与英国赫瑞瓦特大学合作举办通信工程专业本科教育项目 ▲

榆林学院与英国胡弗汉顿大学合作举办机械设计制造及其自动化专业本科教育项目 ▲

西北农林科技大学与美国内布拉斯加林肯大学合作举办食品科学与工程专业本科教育项目 ▲

西安邮电大学与英国斯泰福厦大学合作举办电子信息工程专业本科教育项目 ▲

西安科技大学与澳大利亚麦考瑞大学合作举办电气工程及其自动化专业本科教育项目 ▲

西北大学与英国埃塞克斯大学合作举办电子信息科学与技术专业本科教育项目 ▲

长安大学与爱尔兰都柏林大学合作举办道路桥梁与渡河工程专业本科教育项目（已并入长安大学长安都柏林国际交通学院）

西安外国语大学与阿联酋沙迦大学合作举办阿拉伯语专业本科教育项目

西北农林科技大学与美国亚利桑那大学合作举办环境科学专业本科教育项目

榆林学院与俄罗斯罗蒙诺索夫北方（北极）联邦大学合作举办石油工程专业本科教育项目

西安财经大学与德国波恩储蓄银行财团学院合作举办金融学专业本科教育项目

硕士及以上项目

中外合作办学机构：

西北工业大学伦敦玛丽女王大学工程学院（Queen Mary University of London Engineering School, Northwestern Polytechnical University）▲

西安建筑科技大学南澳大学安德学院（Xi'an University of Architecture and Technology University of South Australia An De College）▲

西安理工大学国际工学院（英文：International Engineering College of Xi'an University of Technology）▲

中外合作办学项目：

西安交通大学与美国得克萨斯大学阿灵顿分校合作举办高级管理人员工商管理硕士学位教育项目 ●

西安交通大学与加拿大阿尔伯塔大学合作举办财务管理硕士学位教育项目 ▲

西安交通大学与意大利米兰理工大学合作举办建筑学专业（古迹与遗址保护方向）硕士学位教育项目 ▲

西安交通大学与法国SKEMA商业学校合作举办创业与创新（大数据与人工智能管理）硕士学位教育项目 ▲

西北工业大学与德国品牌应用科学大学合作举办工业设计专业硕士研究生教育项目 ▲

4. 广西

本科项目

中外合作合作办学机构：

北部湾大学东密歇根联合工程学院

中外合作办学项目：

广西民族大学与英国斯泰福厦大学合作举办会计学专业本科教育项目 ▲

广西财经学院与澳大利亚国立管理与商业学院合作举办会计学专业本科教育项目 ▲

广西师范大学与英国格林多大学合作举办学前教育专业本科教育项目 ▲

广西医科大学与美国西俄勒冈大学合作举办公共事业管理专业本科教育项目 ▲

广西艺术学院与美国西俄勒冈大学合作举办音乐学专业本科教育项目 ▲

广西科技大学与澳大利亚南十字星大学合作举办软件工程专业本科教育项目 ▲

南宁师范大学与英国卡迪夫城市大学合作举办旅游管理专业本科教育项目 ▲

广西中医药大学与美国督优维尔学院合作举办护理学专业本科教育项目 ▲

广西科技大学与英国爱丁堡龙比亚大学合作举办机械工程专业本科教育项目 ▲

北部湾大学与波兰华沙理工大学合作举办电子信息工程专业本科教育项目 ▲

广西财经学院与美国温斯洛普大学合作举办国际商务专业本科教育项目 ▲

桂林旅游学院与瑞士洛桑酒店管理学院合作举办酒店管理专业本科教育项目 ▲

广西大学与美国东密歇根大学合作举办信息安全专业本科教育项目

广西师范大学与韩国韩瑞大学合作举办视觉传达设计专业本科教育项目

广西财经学院与英国奇切斯特大学合作举办数字媒体技术专业本科教育项目

广西财经学院与匈牙利德布勒森大学合作举办金融数学专业本科教育项目

广西师范大学与韩国龙仁大学合作举办体育教育专业本科教育项目

硕士及以上项目

中外合作办学机构：无

中外合作办学项目：无

5. 云南

本科项目

中外合作合作办学机构：无

中外合作办学项目：

云南财经大学与美国库克学院合作举办国际经济与贸易专业本科教育项目●

云南财经大学与澳大利亚查理·斯特大学合作举办会计学专业本科教育项目●

云南财经大学与英国爱丁堡龙比亚大学合作举办金融学专业本科教育项目▲

云南师范大学与澳大利亚皇家墨尔本理工大学合作举办动画专业本科教育项目▲

云南师范大学与澳大利亚格里菲斯大学合作举办社会体育指导与管理专业本科教育项目▲

云南师范大学与爱尔兰国家学院合作举办会计学专业本科教育项目▲

云南农业大学与英国胡弗汉顿大学合作举办土木工程专业本科教育项目▲

云南财经大学与法国瓦岱勒国际酒店与旅游管理商学院合作举办酒店管理专业本科教育项目▲

云南农业大学与新西兰林肯大学合作举办农林经济管理专业本科教育项目▲

云南大学与泰国清迈大学合作举办物流管理专业本科教育项目▲

云南大学与美国密歇根理工大学合作举办视觉传达设计专业本科教育项目

西南林业大学与俄罗斯南乌拉尔国立大学合作举办机械电子工程专业本科教育项目

昆明理工大学与美国阿肯色大学（费耶特维尔）合作举办物流工程专业本科教育项目

昆明理工大学与美国爱达荷大学合作举办土木工程专业本科教育项目

云南大学与加拿大维多利亚大学合作举办环境设计专业本科教育项目

云南大学与英国思克莱德大学合作举办土木工程专业本科教育项目

云南艺术学院与意大利欧洲设计学院合作举办环境设计专业本科教育项目

昆明医科大学与泰国玛希隆大学合作举办护理学本科教育项目

硕士及以上项目

中外合作办学机构：无

中外合作办学项目：

云南财经大学与英国格林威治大学合作房地产硕士学位教育项目 ●

云南财经大学与英国格林威治大学合作项目管理硕士学位教育项目 ●

云南民族大学与印度辨喜瑜伽大学合作举办体育硕士（瑜伽）教育项目 ▲

6. 贵州

本科项目

中外合作合作办学机构：

贵州财经大学西密歇根学院

中外合作办学项目：

贵州财经大学与英国爱丁堡龙比亚大学合作举办金融学专业本科教育项目 ▲

贵州财经大学与美国马歇尔大学合作举办电子商务专业本科教育项目 ▲

贵州财经大学与美国马歇尔大学合作举办电子商务专业本科教育项目

贵州理工学院与英国贝德福特大学合作举办电气工程及其自动化专业本科教育项目

贵州大学与英国林肯大学合作举办旅游管理专业本科教育项目

贵州大学与美国西卡罗莱纳大学合作举办信息管理与信息系统专业本科教育项目

贵州商学院与澳大利亚悉尼国际管理学院合作举办会展经济与管理专业本科教育项目

贵州医科大学与希腊雅典大学合作举办药学专业本科教育项目

贵州师范大学与美国中央俄克拉荷马大学合作举办音乐学专业本科教育项目

贵州中医药大学与英国利兹贝克特大学合作举办药物制剂专业本科教育项目

硕士及以上项目

中外合作办学机构：无

中外合作办学项目：

贵州大学与加拿大魁北克大学席库提米分校合作举办项目管理硕士学位教育项目 ●

7. 内蒙古

本科项目

中外合作合作办学机构：无

中外合作办学项目：

呼伦贝尔学院与俄罗斯别尔哥罗德国立工艺大学合作举办土木工程专业本科教育项目 ▲

内蒙古师范大学与澳大利亚迪肯大学合作举办动画专业本科教育项目 ▲

内蒙古财经大学与澳大利亚斯威本科技大学合作举办会计学专业本科教育项目 ▲

赤峰学院与波兰罗兹社会科学学院合作举办人文地理与城乡规划专业本科教育项目

内蒙古财经大学与美国内布拉斯加大学卡尼尔分校合作举办金融学专业本科教育项目

硕士及以上项目

中外合作办学机构：无

中外合作办学项目：无

8. 新疆

本科项目

中外合作合作办学机构：无

中外合作办学项目：

新疆农业大学和俄罗斯国立太平洋大学合作举办交通运输专业本科教育项目 ▲

新疆农业大学与俄罗斯托木斯克国立建筑大学合作举办土木工程专业本科教育项目

硕士及以上项目

中外合作办学机构：无

中外合作办学项目：无

9. 甘肃

本科项目

中外合作合作办学机构：无

中外合作办学项目：无

硕士及以上项目

中外合作办学机构：无
中外合作办学项目：无

10. 西藏

本科项目

中外合作合作办学机构：无
中外合作办学项目：无

硕士及以上项目

中外合作办学机构：无
中外合作办学项目：无

11. 宁夏

本科项目

中外合作合作办学机构：无
中外合作办学项目：无

硕士及以上项目

中外合作办学机构：无
中外合作办学项目：无

12. 青海

本科项目

中外合作合作办学机构：无
中外合作办学项目：无

硕士及以上项目

中外合作办学机构：无
中外合作办学项目：无

资料来源：教育部中外合作办学监管工作信息平台

注："▲"为依据《中华人民共和国中外合作办学条例》和《中华人民共和国中外合作办学条例实施办法》批准设立和举办的中外合作办学机构和项目；"●"为根据原《中外合作办学暂行规定》批准设立和举办，现经复核通过的中外合作办学机构和项目。

附件2 重庆工商大学国际商学院来华留学生人才培养方案

中国经济管理专业来华留学生培养方案（中文版）

一、项目介绍

本项目由重庆工商大学国际商学院为法国本科（L3）层次留学生开设，由重庆工商大学国际商学院与法国高校共同制定人才培养计划、教学大纲，互认课程与学分，采用法、英、汉三门语言教学，全程合格者可获得重庆工商大学国际商学院中国经济管理专业结业证书。

二、学制

本项目学制一学期（18周），于每学年度第二学期开设（2~6月）。具体时间参照重庆工商大学校历执行。

一、学习要求

1. 专业课程采用法语或英语授课，学生应具备相应的英语能力；

2. 学习期间开设初级汉语课程，学习结束时，学生应具备简单的汉语应用能力；

3. 学习期间开设中国文化课程，学习结束时，学生应对中国文化有初步的了解；

4. 学生应根据课程安排参加实习实践，并完成实习报告。

三、主要课程

汉语、英语口语、旅游文化、中国商法、中国金融、中国经济及发展现状等。

四、学分要求

开设课程课堂教学总课时为220课时，总学分为37学分，要求实习的学生结业最低学分要求为34学分，无须实习的学生结业最低分为30学分。其中按课程类别要求如下：

表 1　学分要求

公共基础课	公共选修课	专业主干课	选修课	实习实践	合计
10 学分	2 学分	18 学分	3 学分	4 学分	37 学分

表 2　教学计划

序号	课程名称	授课语言	课程类别	课时/周	行课周次	总课时	学分
1	初级汉语	汉语	公共基础课	6	1~10	60	6
2	英语口语	英语	公共基础课	4	1~10	40	4
3	旅游文化	法语	公共选修课	2	1~10	20	2
4	中国经济及企业发展现状	法语	专业主干课	4	1~4	16	4
5	中国资本运作与贸易	法语	专业主干课	4	5~7	12	4
6	中国区域经济	法语	专业主干课	4	7~10	12	4
7	中国金融	英语	专业主干课	2	1~10	20	2
8	中国商法	英语	专业主干课	2	1~10	20	2
9	中国电子商务	英语	专业主干课	2	1~10	20	2
10	中国传统课程	中文	选修课		武术 国画 剪纸	3 选 1	2
11	体验中国文化	—	选修课		体验中国家庭	1 天	1
		—	选修课		体验中国饮食文化	1 次	1
12	实习	—	实习实践	—	13~16	—	4
总计				30		220	37

法文版

Programme d'enseignement de la gestion et l'économie chinoises destiné aux étudiants étrangers de l'IBS de CTBU

- **Introduction du programme**

Ce programme, créé par l'IBS de CTBU, est adressé aux étudiants étrangers en L3 dont le plan d'études, les cours proposés et crédits demandés sont déterminés par l'IBS et les universités françaises. Les langues d'enseignement sont le chinois, le français et l'anglais. A la fin du programme, les qualifiés obtiendront le certificat d'achèvement d'études de 《 la gestion et l'économie chinoises 》 accordé par l'IBS de CTBU.

- **Durée des études**

Le programme dure un semestre (18 semaines) , il commence le second semestre de chaque année scolaire (du février au juin) . Voir référence au calendrier scolaire de CTBU.

- **Exigences d'études**

1. Les cours principaux sont dispensés en français ou anglais. La compétence en anglais est requise.

2. A la fin des cours pour le chinois élémentaire, les étudiants doivent être capables d'utiliser cette langue.

3. A la fin des cours de culture chinoise, les étudiants doivent avoir les connaissances élémentaires en cette matière.

4. Les étudiants doivent participer à des pratiques sociales et déposer un rapport en fonction du plan des disciplines.

- **Les disciplines principales**

Chinois, L'Anglais oral, Sites pittoresques et coutumes de la Chine Droit commercial, Finance de la Chine etc.

• Crédits

Les cours se composent de 220 h et de 37 crédits. Le minimum des crédits demandés est de 30 ou 34 （Stage/ Activités sociales est exigé）La répartition des crédits se répartira ainsi：

表3　学分要求

Cours publics fondamentaux	Options publiques	Cours spéciaux	Options	Activités sociales	Total
10	2	18	3	4	37

表4　教学计划

	Disciplines	Langue d'enseignement	Catégories de cours	Heures/ semaine	Horaires	Total des heures	Crédits
1	Chinois	chinois	Cours publics fondamentaux	6	1~10	60	6
2	L'Anglais oral	anglais	Cours publics fondamentaux	4	1~10	40	4
3	Sites pittoresques et coutumes de la Chine	français	Options publiques	2	1~10	20	2
4	Economie Chinoise et Developement actuel des entreprises	français	Cours spéciaux	4	1~4	16	4
5	Placement des Capitaux en Chine et de Commerce	français	Cours spéciaux	4	5~7	12	4
6	Economie géographique en Chine	français	Cours spéciaux	4	8~10	12	4
7	Finance de la chine	anglais	Cours spéciaux	2	1~10	20	2
8	Droit commercial	anglais	Cours spéciaux	2	1~10	20	2
9	E-Business en Chine	anglais	Cours spéciaux	2	1~10	20	2
10	Les cours traditionnels chinois	chinois	Options	Les arts martiaux chinois / La peinture traditionnelle chinoise / Les papiers découpés	1 sur 3	2	
11	L'expérience de la culture chinoise	chinois –	Options	La famille chinoise	1 jour	1	
			Options	La gastronomie chinoise	1 jour	1	
12	Activités sociales	—	Activités sociales	13~16	—	4	
	Au total			30		220	37

工商管理专业本科人才培养方案（来华留学生）

一、培养目标

（一）总体培养目标

本专业培养熟练掌握经济学、管理学基本理论和基本方法，熟悉国际企业运作规律，具有较高的外语水平，基础扎实、知识面宽、能力强，具有国际视野与创新精神的高素质复合型、应用型的国际化高级专门人才。学生毕业后可在政府经济综合管理部门或行业管理部门、工商企业、金融机构、咨询服务机构等从事管理工作，尤其是从事跨国公司经营管理和国际商务管理工作。

（二）培养规格

1. 思想政治素质

德智体美劳全面发展，具有高尚的社会道德和职业道德。

2. 专业技能素质

（1）掌握管理学、经济学的基本原理以及现代企业管理的基本理论、知识和定性、定量分析方法；

（2）掌握国际商务活动的基本规则和国际惯例，深刻认识和理解世界主要市场的基本特征，能够理解并分析不同国家在政治、经济、社会文化、商业惯例等方面的差异；

（3）具有开展国际商务活动、跨国组织管理及其独立市场调查研究并进行综合分析问题和解决问题的基本能力；

（4）熟练掌握一门外语，具有较高的听、说、读、写、译能力，达到大学英语四级（CET-4）的合格要求（其他语种参照相应的考试级别要求）；

（5）能熟练运用计算机从事企业行政管理工作或涉外经济活动；

（6）了解本学科的理论前沿和发展动态，掌握文献检索、资料查询的基本方法，具有初步的科学研究能力和实际工作能力。

3. 文化素质

具有深厚的人文社会科学和自然科学基本知识及素养，具有较强的人际沟通与组织协调能力，具有创新精神和创新能力。

4. 身心素质

具有一定的体育和军事基本知识，掌握科学锻炼身体的基本技能，养成良好的体育锻炼习惯和卫生习惯，受过必要的军事训练，达到国家规定的大学生体育训练和军事训练合格标准，具有健康的体魄，具有良好的心理素质和美育修养。

二、培养途径与手段

（一）培养途径

1. 通过公共基础课、学科基础课、专业基础课、专业主干课、专业选修课、通识选修课等课堂理论教学，使学生牢固掌握本学科、本专业的系统理论知识，形成基本的专业能力。

2. 通过专业认知实习、课程设计、实验教学、学年论文、社会实践与调查、毕业实习、毕业论文等形式，使学生养成最基本的实践思维，增强理论和实践相结合的能力。

3. 通过开展具有专业导向和综合素质拓展导向的第二课堂活动，全面培养学生的专业、文化、道德、身心等素质。

4. 提倡和鼓励学生参加与专业相关的、劳动人事部门认可的职业资格认证考试，取得证书者可获得创新学分。

（二）教学方法

理论教学：主要采用专题式、启发式、研讨式、模拟教学、案例教学等方法。

实践教学：主要采用课程实验、课外社会实践指导、实习（论文）指导等方法。

（三）教学手段

在有效利用传统教学手段的基础上，积极采用现代教学手段，通过幻灯、录像、投影、计算机辅助教学课件和网络等多种教学工具，形象直观地展现和丰富教学内容，激发学生的学习兴趣和学习效率，提高教学质量。

三、学制、最低毕业学分与授予学位

1. 标准学制：四年。实行弹性学习年限：三至六年。

2. 最低毕业学分：120学分。

3. 授予学位：符合学士学位授予条件的，授予管理学学士学位。

四、主干学科、主要课程

1. 主干学科：管理学、经济学

2. 主要课程：管理学、西方经济学、会计学、社会学、统计学、财政学、

金融学、经济法、商品学、专业英语听说、财务管理学、市场营销学、管理信息系统、人力资源管理、生产运作管理、现代公司概论、战略管理、电子商务、物流管理、市场调查与预测、管理运筹学、连锁经营管理、供应链管理、国际商法、国际贸易实务、组织行为学、计算与电子数据、商业伦理与社会责任、财务报表分析、创业学、市场分析与软件应用、管理沟通、企业管理经典案例分析等。

五、课程结构与学分及学时分配

表5　课程结构与学分及学时分配

模块类别	课程类别	学分	学时	理论教学学时	实践学时	各学期学分统计							
						1	2	3	4	5	6	7	8
通识教育模块	公共基础课（通识基础课）	18	350	209	142	5	8	1	4	—	—	—	
专业教育模块	学科基础课	19	320	287	33	8	5	3	3				
	专业核心课	46	880	816	48	—	3	11	8	15	9		
	专业选修课	15	240	216	24				3	3	6	3	
合计		98	1 790	1 528	247	13	16	15	18	18	15	3	
集中实践教学环节学分		22	352		352	1	1	0.5	2.5	2	0.5	3.5	11
最低毕业学分		120	各学期学分合计			14	17	15.5	20.5	20	15.5	6.5	11

六、课程设置与教学计划

表6　课程设置与教学计划

模块类别	课程类型	课程名称	学时	学分	开课学期	理论	课内实验/上机	行课周数	周课时	课程性质	开课学院
	计算机	大学计算机基础	48	3	2	32	16	16	2+1	必修	信息工程学院
	大学数学	微积分Ⅰ	64	4	1	64		16	4	必修	数学与统计学院
		微积分Ⅱ	64	4	2	64		16	4	必修	数学与统计学院
		线性代数	48	3	4	48		16	3	必修	数学与统计学院
	体育	大学体育Ⅰ-Ⅳ	126	4	1~4		126	16	2	必修	体育学院
		合　计	350	18		209	142				

表6(续)

模块类别	课程类型	课程名称	学时	学分	开课学期	理论	课内实验/上机	行课周数	周课时	课程性质	开课学院
专业教育模块	学科基础课	管理学	48	3	1	39	9	16	3	必修	管理学院
		会计学	48	2.5	1	48		12	4	必修	会计学院
		会计学实验	16	0.5	1		16	4	4	必修	会计学院
		社会学概论	32	2	1	32		16	2	必修	社会与公共事业管理学院
		经济法	48	3	2	48		16	3	必修	法学院
		财政学	48	3	4	48		16	3	必修	财政金融学院
		金融学	48	3	3	48		16	3	必修	财政金融学院
		商品学	32	2	2	24	8	16	2	必修	经济学院
		合计	320	19		287	33				
	专业核心课	西方经济学 I	48	3	2	48		16	3	必修	经济学院
		财务管理学	48	3	3	48		16	3	必修	会计学院
		西方经济学 II	48	3	3	48		16	3	必修	经济学院
		人力资源管理	48	3	3	48		16	3	必修	管理学院
		市场营销学	48	3	5	48		16	3	必修	商务策划学院
		统计学	40	2.5	4	40		13	3	必修	数学与统计学院
		统计学实验	16	0.5	4		16	4	4	必修	数学与统计学院
		生产运作管理	48	3	5	40	8	16	3	必修	管理学院
		管理信息系统	40	2.5	4	40		16	3	必修	管理学院
		管理信息系统实验	16	0.5	4			16	4	必修	管理学院
		现代公司概论	48	3	5	48		16	3	必修	管理学院
		战略管理	48	3	6	48		16	3	必修	管理学院
		国际企业管理	32	2	6	32		16	2	必修	管理学院
		专业英语听说 III	64	2	3	64		16	4	必修	国际商学院
		专业英语听说 IV	64	2	4	64		16	4	必修	国际商学院
		专业英语听说 V	64	2	5	64		16	4	必修	国际商学院
		专业英语听说 VI	64	2	6	64		16	4	必修	国际商学院
		电子商务	32	2	5	24	8	16	2	必修	商务策划学院
		物流管理	32	2	6	24	8	16	2	必修	商务策划学院
		市场调查与预测	32	2	5	24	8	16	2	必修	商务策划学院
		合计	880	46		816	48				

表6(续)

模块类别	课程类型	课程名称	学时	学分	开课学期	理论	课内实验/上机	行课周数	周课时	课程性质	开课学院
专业教育模块	专业选修课	产业组织理论	48	3	4	8		16	3	选修	经济学院/管理学院
		质量管理	32	2	5	32		16	2	选修	管理学院
		连锁经营管理	32	2	5	24	8	16	2	选修	经济学院
		供应链管理	32	2	6	24	8	16	2	选修	商务策划学院
		组织行为学	32	2	4	32		16	2	选修	管理学院
		国际商法	32	2	4	32		16	2	选修	法学院
		计算与电子数据	32	2	6	32		16	2	选修	数学与统计学院/商务策划学院
		商业领导能力	32	2	7	32		8	4	选修	管理学院
		商业伦理与社会责任	32	2	6	32		16	2	选修	管理学院
		国际贸易实务	32	2	6	32		16	2	选修	经济学院
		市场分析与软件应用	32	2	5	32		16	2	选修	商务策划学院
		财务报表分析	32	2	7	32		8	4	选修	会计学院
		管理运筹学	48	3	5	48		16	3	选修	管理学院
		企业应用文写作（必选）	32	2	7	32		16	2	选修	国际商学院
		商务礼仪（必选）	32	2	7	32		16	2	选修	国际商学院
		管理决策原理	32	2	6	24	8	16	2	选修	管理学院
		国际市场营销	32	2	6	32		16	2	选修	商务策划学院
		管理沟通	32	2	7	32		8	4	选修	管理学院
		企业管理经典案例分析	8	1	7	8		4	2	选修	管理学院
		本专业应选修 15 个专业选修课学分										

七、集中实践性教学环节安排表

表7　集中实践性教学环节安排表

类型	名　称	学分	周数	实践方式	学期安排
必修	入学教育	1	1	集中	第一学期
	军事训练	2	2	集中	第二学期
	职业发展指导（专题）	1	1	集中	第四/七学期
	专业调研与实践	1	2	分散	第四学期
	《论语》翻译	0.5	2	分散	第六学期
	亚里士多德《政治学》	0.5	2	分散	第三学期
	学年论文	2	2	集中	第五学期
	毕业实习	6	6	集中与分散结合	第七/八学期
	毕业论文	8	8	集中	第八学期
	合计	22			

八、本专业课外阅读书目

表8 课外阅读书目

	书名	作者		书名	作者
1	管理学教程(第九版)	周健临等	2	管理过程	W·H·纽曼(美)
3	管理学(第九版)	哈罗德·孔茨(美)	4	Introduction to Management	Plunkett Attner(美)
5	Competitive Strategy	Potter(美)	6	管理:任务、责任、实践	德鲁克(美)
7	管理学(第9版)	斯蒂芬.P.罗宾斯(美)	8	组织与管理	卡斯特(美)
9	新管理方格	布莱克(美)	10	管理思想的演变	丹尼尔.A.雷恩(美)
11	管理行为	赫伯特·西蒙(美)	12	管理百年	斯图尔特·克雷纳
13	Principles of Management	Boone Kurt(美)	14	西方工商管理学名著提要	吴晓波

九、第二课堂指导性方案

为提高学生综合素质,要求学生修满第二课堂4个学分。学院应按照《重庆工商大学学生素质拓展第二课堂活动学分管理办法》制定专业第二课堂指导性方案。

表9 第二课堂指导性方案

时间	项目		
	目的	教学安排	任务与要求
第一学期	适应大学学习生活;提高综合素质	入学教育;36182工程	鼓励参加班级、学院(校)组织的多种活动;完成读书笔记
第二学期	扩大专业知识广度;	阅读专业期刊、名著	完成读书笔记
大一夏季短学期	了解认识社会、体验社会生活	社会调查与实践	完成社会调查报告
第三学期	拓展专业知识深度	有针对性地阅读相关专业名著、专业期刊	完成读书笔记
第四学期	了解认识企业,发现企业管理中存在的问题	专业认知实习	完成专业认知实习报告
大二夏季短学期	到企业进行初步的专业实践	企业实践	完成企业实践报告
第五学期	增强学生的专业水平	专题讲座	要求学生至少听1次专题学术讲座;并做好笔记,写出总结
第六学期	培养初步的论文写作能力和创新能力	学年论文;创新基金项目	完成学年论文;支持鼓励申报学生创新基金项目
大三夏季短学期	进行企业管理诊断研究	企业管理诊断	通过调查和实践,完成1份企业管理诊断研究报告
第七学期	进一步增强学生的专业水平,为就业做好初步准备	专题讲座	要求学生至少参加1次专业的学术讲座;鼓励参加就业专题讲座
第八学期	增强社会责任感,具备良好的就业心态和技巧	就业指导;职业生涯规划讲座	参加就业指导培训,完成自我职业生涯规划;为就业做好充分准备

国际经济与贸易专业本科人才培养方案（来华留学生）

一、培养目标

（一）总体培养目标

本专业培养具有扎实外语基础，熟练掌握国际贸易与金融理论与实务技能，具有进行国际经贸交往的能力并具有创新精神的高素质应用型、复合型、国际化高级专门人才。毕业生可从事外贸企业、跨国公司、三资企业、涉外银行、涉外非银行金融机构及各级外经贸管理部门的工作。

（二）培养规格

1. 思想政治素质

德智体美劳全面发展，具有高尚的社会道德和职业道德。

2. 专业技能素质

（1）系统掌握国际贸易的理论、方法和基本技能，具有运用所学理论和方法开展国际贸易业务、涉外经济调查的能力；了解欧盟基本概况，具有与欧盟国家（尤其是法国）进行国际经贸的能力。

（2）掌握国际金融的理论、方法和基本技能，具有应用所学理论和方法开展各类国际金融业务的基本能力。

（3）具有较强的语言文字表达能力、人际沟通能力和初步的涉外经济科研能力。

（4）熟练掌握一门外语，具有较高的听、说、读、写、译能力，英语达到大学英语六级（CET-6）合格要求（其他语种参照对应的考试级别要求）；

（5）能熟练运用计算机进行办公、管理和从事涉外经济活动。

3. 文化素质

学习中华民族优秀文化，了解欧盟国家的文化。

4. 身心素质

具有一定的体育和军事基本知识，掌握科学锻炼身体的基本技能，养成良好的体育锻炼习惯和卫生习惯，受过必要的军事训练，达到国家规定的大学生体育训练和军事训练合格标准，具有健康的体魄；具有良好的心理素质和美育修养。

二、培养途径与手段

（一）培养途径

1. 加强管理制度建设，实现制度保障。

2. 大力推进教学改革。

3. 加强对课程建设规划、课程教学大纲和教案的建设。

4. 选用优秀教材并进行图书音像资料建设。

5. 完善考试的内容和形式。

6. 重视对学生思想的建设，培养学生综合素质，特别是强化学生的实践能力。

（二）教学方法

1. 突出实践性的教学方法

采取多种措施，强化实践教学。例如：组织学生前往外贸企业进行实习；举办国际贸易类的主题讲座；组织开展英语演讲比赛；开办英语电影晚会、英语角；组织学生采取分组讨论、角色扮演、演讲、辩论等形式活跃课堂气氛，改变学生被动学习的局面；可以分小班开设英语课等。

2. 互动式的教学方法

变学生被动接受知识为主动学习。引导学生自主分析和解决问题，教师讲授基本理论知识和介绍分析问题、解决问题的一般方法，提供参考文章及资料，由学生主要在课外进行自主学习。强调学生的课堂学习参与性和课后学习的自主性，培养和保持学生的学习兴趣。

（三）教学手段

在保留优秀的传统教学手段基础上，积极运用现代化教学手段。教学手段应体现现代化和多样化的特点，特别要重视采用对能够提高学习效率和学生主动参与学习的积极性的手段，多媒体课件、网络化教学是应用的重点。

三、学制、最低毕业学分与授予学位

1. 标准学制：四年。实行弹性学习年限：三至六年。

2. 最低毕业学分：120 学分。

3. 授予学位：符合学士学位授予条件的，授予经济学学士学位。

四、主干学科、主要课程

1. 主干学科：经济学、管理学

2. 主要课程：西方经济学、管理学、国际经济学、欧盟经济、会计学、统计学、计量经济学、贸易经济学、国际贸易实务、国际市场营销、国际商务函电、国际贸易模拟、中国对外贸易等。

五、课程结构与学分及学时分配

表10　课程结构与学分及学时分配

模块类别	课程类别	学分	学时	理论教学学时	实践学时	各学期学分统计							
						1	2	3	4	5	6	7	8
通识教育模块	公共基础课	18	352	208	144	5	8	1	4	—	—		
专业教育模块	学科基础课	17	272	272		6	2	6	3				
	专业核心课	49	968	872	96	3	5	7	11	13.5	7.5	2	
	专业选修课	14	224	224						6	6	2	
合计		98	1 816	1 576	240	14	15	14	18	19.5	13.5	4	
集中实践教学环节学分/实践课		22	352		352	1	2	0.5	1.5	2	0.5	3.5	11
最低毕业学分		120	各学期学分合计			15	17	14.5	19.5	21.5	14	7.5	11

六、课程设置与教学计划

表11　课程设置与教学计划

模块类别	课程类型	课程名称	学时	学分	开课学期	理论	实验/（上机）	行课周数	周课时	课程性质	开课学院
	计算机	大学计算机基础	48	3	2	32	16	16	2+1	必修	国际商学院
	大学数学	微积分Ⅰ	64	4	1	64		16	4	必修	数学与统计学院
		微积分Ⅱ	64	4	2	64		16	4	必修	数学与统计学院
		线性代数	48	3	4	48		16	3	必修	数学与统计学院
	大学体育	大学体育Ⅰ-Ⅳ	128	4	1~4		128	16	2	必修	体育学院
合计			352	18		208	144				

模块类别	课程类型	课程名称	学时	学分	开课学期	理论	实验/（上机）	行课周数	周课时	课程性质	开课学院
专业教育模块	学科基础课	管理学	48	3	1	48		16	3	必修	管理学院
		政治经济学Ⅰ	48	3	1	48		16	3	必修	经济学院
		政治经济学Ⅱ	32	2	2	32		16	2	必修	经济学院
		贸易经济学	48	3	3	48		16	3	必修	经济学院
		经济法	48	3	3	48		16	3	必修	法学院
		金融学	48	3	4	48		16	3	必修	财政金融学院
		合计	272	17		272					
	专业核心课	专业英语听说Ⅲ	64	2	3	64		16	4	必修	国际商学院
		专业英语听说Ⅳ	64	2	4	64		16	4	必修	国际商学院
		专业英语听说Ⅴ	64	2	5	64		16	4	必修	国际商学院
		专业英语听说Ⅵ	64	2	6	64		16	4	必修	国际商学院
		会计学	48	2.5	1	48		12	4	必修	会计学院
		会计学实验	16	0.5	1		16	4	4	必修	会计学院
		西方经济学Ⅰ	48	3	2	48		16	3	必修	经济学院
		西方经济学Ⅱ	48	3	3	48		16	3	必修	经济学院
		中国对外贸易	32	2	3	32		16	2	必修	经济学院
		世界经济	32	2	3	32		16	2	必修	经济学院
		国际商务	48	3	4	48		16	3	必修	经济学院
		统计学	40	2.5	4	40		13	3	必修	数学与统计学院
		统计学实验	16	0.5	4		16	4	4	必修	数学与统计学院
		国际贸易实务	48	3	4	48		16	3	必修	经济学院
		计量经济学	48	2.5	5	32	16	16	3	必修	经济学院
		国际经济学	48	3	5	48		16	3	必修	经济学院
		国际商务函电	48	3	5	48		16	3	必修	经济学院
		国际市场营销	48	3	5	48		16	3	必修	商务策划学院
		欧盟经济	32	2	6	32		16	2	必修	经济学院
		世界贸易组织	32	2	6	32		16	2	必修	经济学院
		国际贸易模拟	48	1.5	6		48	16	3	必修	经济学院
		电子商务	32	2	7	32		8	4	必修	商务策划学院
		合计	968	49		872	96				

表11（续）

模块类别	课程类型	课程名称	学时	学分	开课学期	理论	实验（上机）	行课周数	周课时	课程性质	开课学院
专业教育模块	专业选修课	国际商务礼仪（必选）	32	2	7	32		16	2	选修	国际商学院
		国际结算	32	2	5	32		16	2	选修	财政金融学院
		报关与商检实务	40	2	5	24	16	8+8	3+2	选修	经济学院
		外贸单证实务	40	2	5	24	16	8+8	3+2	选修	经济学院
		国际货运与保险	40	2	5	24	16	8+8	3+2	选修	经济学院
		国际商法	32	2	6	32		16	2	选修	法学院
		国际商务谈判	32	2	6	32		16	2	选修	经济学院
		管理信息系统	32	2	6	32		16	2	选修	管理学院
		国际服务贸易	32	2	6	32		16	2	选修	经济学院
		跨国公司经营与管理	32	2	7	32		8	4	选修	管理学院
		外汇交易	32	2	7	32		8	4	选修	财政金融学院
		合计	344	20		296	48				

本专业应选修14个学分的专业选修课学分

七、集中实践性教学环节安排表

表12　集中实践性教学环节安排表

类型	名称	学分	周数	实践方式	学期安排
必修	入学教育（含专业认知）	1	1	集中	第一学期
	军事训练	2	2	集中	第二学期
	职业发展指导（专题）	1	1	集中	第四/七学期
	专业调研与实践	1	2	分散	第四学期
	《论语》翻译	0.5	2	分散	第六学期
	亚里士多德《政治学》	0.5	2	分散	第三学期
	学年论文	2	2	集中	第五学期
	毕业实习	6	6	集中与分散结合	第七/八学期
	毕业论文	8	8	集中	第八学期
	合计	22			

八、本专业课外阅读书目

表 13　课外阅读书目

	书 名	作 者		书 名	作 者
1	国际贸易	薛荣久	2	国际经济学	克鲁格曼
3	经济学（宏观、微观）	萨谬尔森（美）	4	经济学（宏观、微观）	曼昆（美）
5	欧盟经济政策协调制度的变迁	成新轩	6	国际结算	许罗州
7	欧洲联盟对外政策一体化	陈志敏等	8	欧洲联盟的法律与制度	邵景春
9	国际经济学	林德特（美）	10	国际贸易实务	黎孝先
11	对外经济贸易案例分析	上海外贸协会	12	欧洲的未来	戴维.卡莱欧
13	国际贸易惯例新发展	程德钧	14	国际一体化经济学	上海译文出版社
15	三足鼎立？——全球竞争体系中的欧美亚太经济区	伍贻康主编	16	国家与超国家-欧洲一体化理论比较研究	陈玉刚
17	报关实务教程	章国胜	18	无纸贸易 EDI 及其应用	郭羽诞

九、素质拓展第二课堂指导性方案

为提高学生综合素质，要求学生修满第二课堂 4 个学分。学院应按照《重庆工商大学学生素质拓展第二课堂活动学分管理办法》制定专业第二课堂指导性方案。

表 14　第二课堂指导性方案

时间	目的	教学安排	任务与要求	备注
第一学期	增强学生与父母的沟通	两地书	要求学生定期给父母写信	
第二学期	扩大学生的阅读面，陶冶情操	36182 工程	要求学生按 36182 工程的内在要求阅读并写出心得体会	
大一夏季短学期	培养学生的公益意识，增强社会责任感	社区服务、义工、校园义务劳动、"三下乡"等实践活动	要求学生积极参加	
第三学期	扩大学生的阅读面，陶冶情操	36182 工程	要求学生按 36182 工程的内在要求阅读并写出心得体会	
第四学期	培养学生学习英语的兴趣	英语演讲比赛	要求学生作好演讲的充分准备	

表14(续)

时间	目的	教学安排	任务与要求	备注
大二 夏季短学期	增强学生的团队合作能力	组织各种团队性质的竞赛	要求学生充分准备，赛后写出团队合作心得	
第五学期	增强学生的专业水平	专题讲座、参加各种社团活动	要求学生记好笔记，写出总结	
第六学期	强化学生的实际操作能力	参观学习外贸公司的外贸实务操作	要求学生认真学习，写出总结	
大三 夏季短学期	强化学生的实际操作能力	参观学习外贸公司的外贸实务操作	要求学生认真学习，写出总结	
第七学期	增强学生的专业水平	专题讲座、鼓励学生参与各种科研活动	要求学生记好笔记，写出总结	
第八学期	扩大学生的阅读面，陶冶情操	36182工程	要求学生按36182工程的内在要求阅读并写出心得体会	

附件3　来华留学生对重庆工商大学国际商学院的感想（部分来华留学生）

alors la journee etait une tres bonne idee, on a vraiment passe un chouette moment, on a fait des dumpling, on les a manger, on a voulu faire du patinage mais finalement il y avait trop de monde... le seul bemole de la journee c'est que l'on avait bcp de dossier a faire pour la france donc on a prefere rentrer assez tot, mais c'etait vraiment une chouette journee merci de l'avoir organisee

——clémence

très bonne journée " " nous avons était très bien reçu " merci a la famille "

——Paul

La journée familliale fût vraiment un momernt génial. Partager un repas typiquement chinois avec une famille et leurs amis m'a permis d'apprendre un peu plus de la culture chinoise. Très bien accueilli par cette famille et leur enfant, c est avec plaisir qu' à mon tour une fois que leur enfant sera en France je l accueillerai à mon tour pour lui faire visiter et découvrir un peu la ville qu elle aura choisi.

——Clement

L'invitation d'être reçu dans une famille chinoise le temps d'un déjeuner n'a fait que conforter l'idée de l'hospitalité chinoise, et permet d'apprécier davantage la culture locale. L'accueil reçu a été chaleureux, et une confiance réciproque a tendance à s'installer assez rapidement. C'est une expérience à renouveler, et que je conseille fortement.

——Haider

On a vraiment apprécier le repas cuisiné par les filles c'était mei wei.

——Nordine

la journée était très bien, nous avons étais très bien accueilli et on a pu rencontrer une famille chinoise, ainsi qu'apprendre a faire des dumpings

——Laura

附件4 重庆工商大学国际商学院来华留学生详细信息（以法国来华留学生为主）

1. 2007—2008 年

表15 2007—2008 年重庆工商大学国际商学院来华留学生详细信息

学生姓名	性别	生源学校	国籍	出生日期	学历层次	学历类型	学制	入学时间
BAA Rachid	男	马赛二大	法国	1986/5/6	研一	进修生	一年	2007/9/1
BALIL Mohamed	男	马赛二大	法国	1985/4/16	研一	进修生	一年	2007/9/1
BELHAKAM Salim	男	马赛二大	法国	1983/12/9	研一	进修生	一年	2007/9/1
LAMBERT Victor	男	马赛二大	法国	1984/8/3	研一	进修生	一年	2007/9/1
NGUYENThi Bich Van	女	马赛二大	法国	1984/6/13	研一	进修生	一年	2007/9/1
ZEGRE Adrien	男	马赛二大	法国	1984/12/27	研一	进修生	一年	2007/9/1

2. 2008—2009 年

表16 2008—2009 年重庆工商大学国际商学院来华留学生详细信息

学生姓名	性别	生源学校	国籍	出生日期	学历层次	学历类型	学制	入学时间
ALLENNE Laurent	男	马赛二大	法国	1983/3/31	研一	进修生	一年	2008/9/1
ARNOUX Florian	男	马赛二大	法国	1986/12/14	研一	进修生	一年	2008/9/1
CHAIRE Gregory	男	马赛二大	法国	1985/4/11	研一	进修生	一年	2008/9/1
CHAN Frederic	男	马赛二大	法国	1985/6/26	研一	进修生	一年	2008/9/1
JOFFRIN Charlotte	女	马赛二大	法国	1985/6/27	研一	进修生	一年	2008/9/1
LEON emilie	女	马赛二大	法国	1985/6/28	研一	进修生	一年	2008/9/1
OUDIN Sylvain	男	马赛二大	法国	1985/6/29	研一	进修生	一年	2008/9/1

3. 2009—2010 年

表 17　2009—2010 年重庆工商大学国际商学院来华留学生详细信息

学生姓名	性别	生源学校	国籍	出生日期	学历层次	学历类型	学制	入学时间
JAMET Ludwig	男	马赛二大	法国	1987/9/24	研一	进修生	一年	2009/9/1
LATTRACH Soade	女	马赛二大	法国	1987/6/20	研一	进修生	一年	2009/9/1
LE RUYET Jonathan	男	马赛二大	法国	1985/8/9	研一	进修生	一年	2009/9/1
KAJJOUA Samira	女	马赛二大	法国	1986/3/6	研一	进修生	一年	2009/9/1
ZIDAT Sonia	女	马赛二大	法国	1986/8/3	研一	进修生	一年	2009/9/1
COSTET Pauline	女	法国多姆省高级商学院	法国	1989/1/5	本科	进修生	一学期	2010/2/12
GAUTHIER Marie	女	法国多姆省高级商学院	法国	1986/6/9	本科	进修生	一学期	2010/2/12
JULLIARD Johann	男	法国多姆省高级商学院	法国	1986/4/17	本科	进修生	一学期	2010/2/12
GORDO Elodie	女	法国多姆省高级商学院	法国	1989/5/25	本科	进修生	一学期	2010/2/12
Husson Aryo Marc	男	法国多姆省高级商学院	法国	1982/12/8	本科	进修生	一学期	2010/2/12
KARAKAY Axelle	女	法国多姆省高级商学院	法国	1988/1/20	本科	进修生	一学期	2010/2/12

4. 2010—2011 年

表 18　2010—2011 年重庆工商大学国际商学院来华留学生详细信息

学生姓名	性别	生源学校	国籍	出生日期	学历层次	学历类型	学制	入学时间
BITAUDEAU Pierre	男	法国多姆省高级商学院	法国	1989/4/22	本科	进修生	一学期	2011/2/21
BOUCHARDON Marina	女	法国多姆省高级商学院	法国	1986/5/23	本科	进修生	一学期	2011/2/21
BRELEUR Withney	男	法国多姆省高级商学院	法国	1988/11/9	本科	进修生	一学期	2011/2/21
FAVIER Amaury	男	法国多姆省高级商学院	法国	1988/11/4	本科	进修生	一学期	2011/2/21
LEHO Max	男	法国多姆省高级商学院	法国	1987/8/8	本科	进修生	一学期	2011/2/21

学生姓名	性别	生源学校	国籍	出生日期	学历层次	学历类型	学制	入学时间
LEREDDE Valériane	女	法国多姆省高级商学院	法国	1988/6/4	本科	进修生	一学期	2011/2/21
ROBERT Auréa	女	马赛二大	法国	1984/12/7	本科	进修生	一学期	2011/2/21
THOREAU Mélodie	女	马赛二大	法国	1988/4/13	研一	进修生	一年	2010/9/1
MORELLON Cynthia	女	马赛二大	法国	1988/9/13	研一	进修生	一年	2010/9/1
COLOTROC Déborah	女	马赛二大	法国	1989/5/28	研一	进修生	一年	2010/9/1
ARNAUD Marion	女	马赛二大	法国	1988/12/15	研一	进修生	一年	2010/9/1
PIGNOL Rémy	男	马赛二大	法国	1988/5/3	研一	进修生	一年	2010/9/1
CHARNI Audrey	女	马赛二大	法国	1987/3/2	研一	进修生	一年	2010/9/1
MANISCALCO Anthony	男	马赛二大	法国	1988/9/13	研一	进修生	一年	2010/9/1
PERVEZ Hugo	男	马赛二大	法国	1987/3/24	研一	进修生	一年	2010/9/1
PEREZ DE GERMAY Marine	女	马赛二大	法国	1990/6/2	研一	进修生	一年	2010/9/1
Paul Florent	男	马赛二大	法国	1989/8/14	研一	进修生	一年	2010/9/1

5. 2011—2012 年

表 19　2011—2012 年重庆工商大学国际商学院来华留学生详细信息

学生姓名	性别	生源学校	国籍	出生日期	学历层次	学历类型	学制	入学时间
ARNAUD Xavier	男	法国多姆省高级商学院	法国		本科	进修生	一学期	2012/2/20
BICHAT Agata	女	法国多姆省高级商学院	法国	1982/3/30	本科	进修生	一学期	2012/2/20
CARREIRA Méganne	女	法国多姆省高级商学院	法国		本科	进修生	一学期	2012/2/20
DIABY Karanba	男	法国多姆省高级商学院	法国	1989/9/29	本科	进修生	一学期	2012/2/20
LE RUYET Jonathan	女	法国多姆省高级商学院	法国	1988/5/19	本科	进修生	一学期	2012/2/20
FANANE Nadia	女	法国多姆省高级商学院	法国	1990/3/25	本科	进修生	一学期	2012/2/20

表19(续)

学生姓名	性别	生源学校	国籍	出生日期	学历层次	学历类型	学制	入学时间
FLUET Julie	女	法国多姆省高级商学院	法国	1989/7/3	本科	进修生	一学期	2012/2/20
HOVSEPIAN Lara	女	法国多姆省高级商学院	法国	1986/3/9	本科	进修生	一学期	2012/2/20
MARCELLIN Gaspard	男	法国多姆省高级商学院	法国	1987/12/1	本科	进修生	一学期	2012/2/20
PERRIOLAT Johnathan	男	法国多姆省高级商学院	法国	1990/2/7	本科	进修生	一学期	2012/2/20
SILIADIN Adis	女	法国多姆省高级商学院	法国		本科	进修生	一学期	2012/2/20
BOMPAS Nelly	女	马赛二大	法国	1989/11/6	研一	进修生	一年	2011/9/1
DURBANO Loris	男	马赛二大	法国		研一	进修生	一年	2011/9/1
REBATEL Florent	男	马赛二大	法国	1990/6/20	研一	进修生	一年	2011/9/1
ROLAND Marine	女	马赛二大	法国	1991/1/3	研一	进修生	一年	2011/9/1
ROYER Aurélien	男	马赛二大	法国	1991/4/18	研一	进修生	一年	2011/9/1
BERTHELOT Emmanuel, Olivier	男	马赛二大	法国	1990/6/28	研一	进修生	一年	2011/9/1
PICA Mylène, Cindy Margot	女	马赛二大	法国	1990/1/17	研一	进修生	一年	2011/9/1
FERREIRA LEITE Alexina	女	马赛二大	法国	1989/7/4	研一	进修生	一年	2011/9/1
TOURE Djibril	男	马赛二大	法国	1989/7/14	研一	进修生	一年	2011/9/1

6. 2012—2013 年

表20 2012—2013 年重庆工商大学国际商学院来华留学生详细信息

学生姓名	性别	生源学校	国籍	出生日期	学历层次	学历类型	学制	入学时间
BAZIN Jonathan	男	里昂二大	法国	1989/6/5	研一	交换生/进修生	两学期	2012/9/1
JOLY Raphael	男	里昂二大	法国	1991/11/21	研一	交换生/进修生	两学期	2012/9/1
LEKHIAR Sofia	女	马赛二大	法国	1990/2/8	研一	进修生	一学期	2013/2/25
HA-VINH Lola, Emma	女	马赛二大	法国	1990/5/1	研一	进修生	一学期	2013/2/25

表20(续)

学生姓名	性别	生源学校	国籍	出生日期	学历层次	学历类型	学制	入学时间
TAFANI Aurelie	女	马赛二大	法国	1989/7/5	研一	进修生	一学期	2013/2/25
PAMPIGLIONE Steven	男	马赛二大	法国		研一	进修生	一学期	2013/2/25
SARIRI Dorsaf	女	马赛二大	法国	1988/7/11	研一	进修生	一学期	2013/2/25
EL HIMEUR Kaoutare	女	马赛二大	法国	1990/1/5	研一	进修生	一学期	2013/2/25
ASSOO Yvette	女	法国多姆省高级商学院	喀麦隆	1972/3/18	本科	进修生	一学期	2013/2/25
BIREE Guillaume	男	法国多姆省高级商学院	法国	1988/8/29	本科	进修生	一学期	2013/2/25
BRANGENBERG Joan-Heidi	女	法国多姆省高级商学院	法国	1967/5/15	本科	进修生	一学期	2013/2/25
CHHOA Adelaide	女	法国多姆省高级商学院	法国	1985/2/7	本科	进修生	一学期	2013/2/25
CHOU Bunna	女	法国多姆省高级商学院	法国	1988/6/29	本科	进修生	一学期	2013/2/25
LAPORTE Angelique	女	法国多姆省高级商学院	法国	1987/1/3	本科	进修生	一学期	2013/2/25
WEI Zhe	男	法国多姆省高级商学院	中国	1991/5/21	本科	进修生	一学期	2013/2/25

7. 2013—2014 年

表 21　2013—2014 年重庆工商大学国际商学院来华留学生详细信息

学生姓名	性别	生源学校	国籍	出生日期	学历层次	学历类型	学制	入学时间
Laurent ANSOURIAN	男	马赛大学	法国	1991/7/22	研究生	进修生	一学期	2013/2/24
Guillaume BIE	男	马赛大学	法国	1987/5/27	研究生	进修生	一学期	2013/2/24
Paul COLOMBANI	男	马赛大学	法国	1992/3/20	研究生	进修生	一学期	2013/2/24
Pearl COUTEPEROUMAL	女	马赛大学	法国	1991/1/24	研究生	进修生	一学期	2013/2/24
Sarah DEVISE	女	马赛大学	法国	1992/2/4	研究生	进修生	一学期	2013/2/24
Nicolas GIUGLIO TONOLO	男	马赛大学	法国	1988/11/29	研究生	进修生	一学期	2013/2/24
Haïder HOUIA	男	马赛大学	法国	1992/8/18	研究生	进修生	一学期	2013/2/24
Edouard JOLY	男	马赛大学	法国	1991/10/2	研究生	进修生	一学期	2013/2/24
Clémence KAPUTA	女	马赛大学	法国	1992/8/14	研究生	进修生	一学期	2013/2/24

学生姓名	性别	生源学校	国籍	出生日期	学历层次	学历类型	学制	入学时间
Cynthia KLADER	女	马赛大学	法国	1992/9/26	研究生	进修生	一学期	2013/2/24
Laura LOPEZ	女	马赛大学	法国	1991/10/24	研究生	进修生	一学期	2013/2/24
Sabine MENAD	女	马赛大学	法国	1989/12/12	研究生	进修生	一学期	2013/2/24
Jason MOLINER	男	马赛大学	法国	1990/9/15	研究生	进修生	一学期	2013/2/24
Jean-Philippe REYNIER	男	马赛大学	法国	1989/5/3	研究生	进修生	一学期	2013/2/24
Nordine RHARMAOUI	男	马赛大学	法国	1990/7/14	研究生	进修生	一学期	2013/2/24
Nicolas Broussouloux	男	法国多姆省高级商学院	法国	1987/12/27	本科	进修生	一学期	2013/2/24
Joris Cesto	男	法国多姆省高级商学院	法国	1990/5/10	本科	进修生	一学期	2013/2/24
Fabien Cochard	男	法国多姆省高级商学院	法国	1988/7/28	本科	进修生	一学期	2013/2/24
Mélodie Comte	女	法国多姆省高级商学院	法国	1991/2/13	本科	进修生	一学期	2013/2/24
Renan Diquelou	男	法国多姆省高级商学院	法国	1991/12/27	本科	进修生	一学期	2013/2/24
Coralie Doyat	女	法国多姆省高级商学院	法国	1990/8/18	本科	进修生	一学期	2013/2/24
Evanne Geourjon	女	法国多姆省高级商学院	法国	1991/4/12	本科	进修生	一学期	2013/2/24
Clément Guillaumey	男	法国多姆省高级商学院	法国	1990/7/16	本科	进修生	一学期	2013/2/24
Clément Leblond	男	法国多姆省高级商学院	法国	1990/4/21	本科	进修生	一学期	2013/2/24
Robin MARET	男	法国多姆省高级商学院	法国	1991/5/30	本科	进修生	一学期	2013/2/24
Florent Michel	男	法国多姆省高级商学院	法国	1989/11/8	本科	进修生	一学期	2013/2/24
Faravazo Razafindrakoto	女	法国多姆省高级商学院	法国	1989/5/9	本科	进修生	一学期	2013/2/24
Evariste Roussel	男	法国多姆省高级商学院	法国	1991/3/18	本科	进修生	一学期	2013/2/24
Rebaz Said	男	法国多姆省高级商学院	法国	1990/7/15	本科	进修生	一学期	2013/2/24
Agathe Vercelli	女	法国多姆省高级商学院	法国	1992/8/24	本科	进修生	一学期	2013/2/24

8. 2014—2015 年

表 22　2014—2015 年重庆工商大学国际商学院来华留学生详细信息

学生姓名	性别	生源学校	国籍	出生日期	学历层次	学历类型	学制	入学时间
ACHARD Alexandre	男	马赛大学	法国	1992/11/4	研究生	普通交换生	一学期	2015/3/1
AMARA Cyrine	女	马赛大学	法国	1991/9/8	研究生	普通交换生	一学期	2015/3/1
AMIMER Hicham	男	马赛大学	法国	1988/9/1	研究生	普通交换生	一学期	2015/3/1
BURGAT Joan	男	马赛大学	法国	1991/8/16	研究生	普通交换生	一学期	2015/3/1
COSSA Florian	男	马赛大学	法国	1992/10/19	研究生	普通交换生	一学期	2015/3/1
ETIENNE Soazig	女	马赛大学	法国	1992/10/15	研究生	普通交换生	一学期	2015/3/1
AllOUNE EL Yacine Necim	男	马赛大学	法国	1990/2/26	研究生	普通交换生	一学期	2015/3/1
HERBEY Adeline	女	马赛大学	法国	1993/12/11	研究生	普通交换生	一学期	2015/3/1
MOUTI Marwa	女	马赛大学	法国	1991/6/9	研究生	普通交换生	一学期	2015/3/1
PIETRI Thomas	男	马赛大学	法国	1993/1/7	研究生	普通交换生	一学期	2015/3/1
PORCU Romain	男	马赛大学	法国	1993/5/10	研究生	普通交换生	一学期	2015/3/1
RANNEE Adrien	男	马赛大学	法国	1991/11/12	研究生	普通交换生	一学期	2015/3/1
ROESKE Yassine	男	马赛大学	法国	1992/2/5	研究生	普通交换生	一学期	2015/3/1
SAID Imen	女	马赛大学	法国	1992/12/31	研究生	普通交换生	一学期	2015/3/1
SAIHI Ryadh	男	马赛大学	法国	1990/6/7	研究生	普通交换生	一学期	2015/3/1
TAHERALY Sarah	女	法国多姆省高级商学院	法国	1992/4/15	本科	普通交换生	一学期	2015/3/1
ALVARADE Fadila Alexandra	女	法国多姆省高级商学院	法国	1994/11/10	本科	普通交换生	一学期	2015/3/1
PENEAU Julien	男	法国多姆省高级商学院	法国	1993/8/26	本科	普通交换生	一学期	2015/3/1
VILLON Raphaël	女	法国多姆省高级商学院	法国	1994/11/21	本科	普通交换生	一学期	2015/3/1
HUGUET Marius Célestin	男	里昂	法国	1993/12/28	本科	普通交换生	一学期	2015/3/1

9. 2015—2016 年

表 23　2015—2016 年重庆工商大学国际商学院来华留学生详细信息

学生姓名	性别	生源学校	国籍	出生日期	学历层次	学历类型	学制	入学时间
BIRJAM Souhair	女	马赛大学	法国	1992/3/29	研究生	普通进修生	一学期	2016/2/26
FALL Astou	女	马赛大学	法国	1989/3/4	研究生	普通进修生	一学期	2016/2/26
FENOUIL Sylvain	男	马赛大学	法国	1993/7/15	研究生	普通进修生	一学期	2016/2/26
FOUZRI Bilal	男	马赛大学	法国	1992/7/12	研究生	普通进修生	一学期	2016/2/26
HARECHKLI Karim	男	马赛大学	法国	1992/10/12	研究生	普通进修生	一学期	2016/2/26
IBRAM Andjuly	女	马赛大学	法国	1991/2/10	研究生	普通进修生	一学期	2016/2/26
MOUTAMA Alizée	女	马赛大学	法国	1993/12/31	研究生	普通进修生	一学期	2016/2/26
SCHNEIDER Julian	男	马赛大学	法国	1990/4/23	研究生	普通进修生	一学期	2016/2/26
ULDERIC Samantha	女	马赛大学	法国	1992/6/20	研究生	普通进修生	一学期	2016/2/26
KINGWANGA Grace	男	马赛大学	法国	1993/5/31	研究生	普通进修生	一学期	2016/2/26
SYLLA Makoro	女	马赛大学	法国	1994/10/9	研究生	普通进修生	一学期	2016/2/26

10. 2016—2017 年

表 24　2016—2017 年重庆工商大学国际商学院来华留学生详细信息

学生姓名	性别	生源学校	国籍	出生日期	学历层次	学历类型	学制	入学时间
MESSILINI Zineb	女	马赛大学	法国	1995/9/28	研究生	普通进修生	一学期	2017/2/24
OULEDHENI Inès	女	马赛大学	法国	1994/9/25	研究生	普通进修生	一学期	2017/2/24
MATMATI ILLYES	男	马赛大学	法国	1994/12/16	研究生	普通进修生	一学期	2017/2/24
MERROUCH Abdelmounaim	男	马赛大学	法国	1987/10/15	研究生	普通进修生	一学期	2017/2/24

11. 2017—2018 年

表 25　2017—2018 年重庆工商大学国际商学院来华留学生详细信息

学生姓名	性别	生源学校	国籍	出生日期	学历层次	学历类型	学制	入学时间
AZZI CLARA	女	马赛大学	黎巴嫩	1996/5/20	研究生	普通进修生	一学期	2018/3/3
CHIDEKH NARJISSE	女	马赛大学	法国	1996/5/21	研究生	普通进修生	一学期	2018/3/3

学生姓名	性别	生源学校	国籍	出生日期	学历层次	学历类型	学制	入学时间
D'ALTILIA JESSY	女	马赛大学	法国	1996/8/6	研究生	普通进修生	一学期	2018/3/3
DECOR NINON	女	马赛大学	法国	1995/4/3	研究生	普通进修生	一学期	2018/3/3
MOKADEM CHIRINE	女	马赛大学	法国	1992/8/2	研究生	普通进修生	一学期	2018/3/3
NIEDMAND FAHD	男	马赛大学	法国	1996/11/24	研究生	普通进修生	一学期	2018/3/3
RAMES EMMA	女	马赛大学	法国	1997/6/11	研究生	普通进修生	一学期	2018/3/3
GROISARD ENZO	男	马赛大学	法国	1993/2/3	研究生	普通进修生	一学期	2018/3/3

12. 2018—2019 年

表26 2018—2019 年重庆工商大学国际商学院来华留学生详细信息

学生姓名	性别	生源学校	国籍	出生日期	学历层次	学历类型	学制	入学时间
COURANT YAEL	女	马赛大学	法国	1996/11/21	研究生	普通进修生	一学期	2019/2
FATMI KHAOULA	女	马赛大学	阿尔及利亚	1996/7/9	研究生	普通进修生	一学期	2019/2
GUEYE FANNY	女	马赛大学	法国	1996/9/16	研究生	普通进修生	一学期	2019/2
GUILLOT VICTORIEN	男	马赛大学	法国	1996/8/17	研究生	普通进修生	一学期	2019/2
MARTIN LUKAS	男	马赛大学	法国	1995/1/6	研究生	普通进修生	一学期	2019/2
ROUINA SOUMIA	女	马赛大学	法国	1996/8/2	研究生	普通进修生	一学期	2019/2
ABDERRAHIM Nabil	男	哈桑一世大学	摩洛哥	1996/2/6	研究生	普通进修生	一学期	2019/2
BOUMDAK Abir	女	哈桑一世大学	摩洛哥	1997/5/14	研究生	普通进修生	一学期	2019/2
CHADY Achraf	男	哈桑一世大学	摩洛哥	1997/1/2	研究生	普通进修生	一学期	2019/2
MOTADI Sarra	女	哈桑一世大学	摩洛哥	1997/4/7	研究生	普通进修生	一学期	2019/2
SAHIQA Saliha	女	哈桑一世大学	摩洛哥	1996/5/24	研究生	普通进修生	一学期	2019/2
YAQINI Hiba	女	哈桑一世大学	摩洛哥	1996/1/28	研究生	普通进修生	一学期	2019/2
ZOUKCHI Ikhlass	女	哈桑一世大学	摩洛哥	1996/11/22	研究生	普通进修生	一学期	2019/2

13. 2019—2020 年

表 27 2019—2020 年重庆工商大学国际商学院来华留学生详细信息

学生姓名	性别	生源学校	国籍	出生日期	学历层次	学历类型	学制	入学时间
BENKADDOUR Zahra	女	哈桑一世大学	摩洛哥	1997/7/24	研究生	普通进修生	一学期	2020/2/20
ELBEKKALI Hamza	男	哈桑一世大学	摩洛哥	1997/3/19	研究生	普通进修生	一学期	2020/2/20
KHADDOUCH Sara	女	哈桑一世大学	摩洛哥	1997/2/17	研究生	普通进修生	一学期	2020/2/20
MANCHAR Afraa	女	哈桑一世大学	摩洛哥	1997/1/1	研究生	普通进修生	一学期	2020/2/20
RABEH Basma	女	哈桑一世大学	摩洛哥	1997/7/8	研究生	普通进修生	一学期	2020/2/20
RIAD Anass	男	哈桑一世大学	摩洛哥	1997/3/27	研究生	普通进修生	一学期	2020/2/20
SABRI Oulaya	女	哈桑一世大学	摩洛哥	1998/3/30	研究生	普通进修生	一学期	2020/2/20
SAFAR Doha	女	哈桑一世大学	摩洛哥	1998/1/1	研究生	普通进修生	一学期	2020/2/20
KENNI Ouissal	女	哈桑一世大学	摩洛哥	1999/1/4	研究生	普通进修生	一学期	2020/2/20

注：此表 27 中的来华留学生，因为疫情原因未能来华留学。

附件5 "一带一路"沿线国家官方语言统计

表28 "一带一路"沿线国家官方语言统计

序号	国家名称	官方语言	区域
1	东帝汶	德顿语、葡萄牙语	东南亚
2	菲律宾	菲律宾语、英语	东南亚
3	柬埔寨	高棉语	东南亚
4	老挝	老挝语	东南亚
5	马来西亚	马来语	东南亚
6	缅甸	缅甸语	东南亚
7	泰国	泰语	东南亚
8	文莱	马来语	东南亚
9	新加坡	马来语、汉语、泰米尔语、英语	东南亚
10	印度尼西亚	印尼语	东南亚
11	越南	越南语	东南亚
12	蒙古	蒙古语	东亚
13	巴基斯坦	乌尔都语、英语	南亚
14	不丹	宗卡语	南亚
15	马尔代夫	迪维希语	南亚
16	孟加拉国	孟加拉语、英语	南亚
17	尼泊尔	尼泊尔语	南亚
18	斯里兰卡	僧伽罗语、泰米尔语	南亚
19	印度	印地语、英语	南亚
20	哈萨克斯坦	哈萨克语、俄语	中亚
21	吉尔吉斯斯坦	俄语	中亚
22	塔吉克斯坦	塔吉克语	中亚
23	土库曼斯坦	土库曼语	中亚

表28(续)

序号	国家名称	官方语言	区域
24	乌兹别克斯坦	乌兹别克语	中亚
25	阿富汗	波斯语、普什图语	西亚
26	阿拉伯联合酋长国	阿拉伯语	西亚
27	阿曼	阿拉伯语	西亚
28	阿塞拜疆	阿塞拜疆语	西亚
29	巴勒斯坦	阿拉伯语	西亚
30	巴林	阿拉伯语	西亚
31	格鲁吉亚	格鲁吉亚语	西亚
32	卡塔尔	阿拉伯语	西亚
33	科威特	阿拉伯语	西亚
34	黎巴嫩	阿拉伯语	西亚
35	塞浦路斯	希腊语、土耳其语	西亚
36	沙特阿拉伯	阿拉伯语	西亚
37	土耳其	土耳其语	西亚
38	叙利亚	阿拉伯语	西亚
39	亚美尼亚	亚美尼亚语	西亚
40	也门	阿拉伯语	西亚
41	伊拉克	阿拉伯语	西亚
42	伊朗	波斯语	西亚
43	以色列	希伯来语、阿拉伯语	西亚
44	约旦	阿拉伯语	西亚
45	阿尔巴尼亚	阿尔巴尼亚语	中东欧
46	爱沙尼亚	爱沙尼亚语	中东欧
47	保加利亚	保加利亚语	中东欧
48	波兰	波兰语	中东欧
49	波斯尼亚和黑塞哥维那	波斯尼亚语、克罗地亚语、塞尔维亚语	中东欧
50	黑山	黑山语	中东欧

表28(续)

序号	国家名称	官方语言	区域
51	捷克	捷克语	中东欧
52	克罗地亚	克罗地亚语	中东欧
53	拉脱维亚	拉脱维亚语	中东欧
54	立陶宛	立陶宛语	中东欧
55	罗马尼亚	罗马尼亚语	中东欧
56	马其顿	马其顿语	中东欧
57	塞尔维亚	塞尔维亚语	中东欧
58	斯洛伐克	斯洛伐克语	中东欧
59	斯洛文尼亚	斯洛文尼亚语	中东欧
60	匈牙利	匈牙利语	中东欧
61	白俄罗斯	白俄罗斯语、俄语	独联体
62	俄罗斯	俄语	独联体
63	摩尔多瓦	罗马尼亚语	独联体
64	乌克兰	乌克兰语	独联体
65	埃及	阿拉伯语	北非
总计	65 个国家	53 种官方语言	8 个区域

资料来源：马万华.“一带一路”倡议与中国高等教育国际化转型［J］.北京航空航天大学学报（社会科学版），2021（1）：135-137.